Carl Roese

Die Kunst - Hilfeleistungen für Verwundete und Kranke zu improvisiren

Carl Roese

Die Kunst - Hilfeleistungen für Verwundete und Kranke zu improvisiren

ISBN/EAN: 9783743609433

Hergestellt in Europa, USA, Kanada, Australien, Japan

Cover: Foto ©ninafisch / pixelio.de

Manufactured and distributed by brebook publishing software
(www.brebook.com)

Carl Roese

Die Kunst - Hilfeleistungen für Verwundete und Kranke zu improvisiren

Die Kunst,

HÜLFELEISTUNGEN

für

Verwundete und Kranke

zu improvisiren.

Von

Dr. med. Carl Roese,

Arzt in Hamburg.

Mit 11 Tafeln.

Concurrenzschrift.

Der Abschnitt: „Improvisation von Transportmitteln" wurde vom Internationalen Comité des Rothen Kreuzes zu Genf im Jahre 1883 mit einem Preise von 500 Fr. ausgezeichnet.

Vorliegendes Buch enthält in knapper und leicht verständlicher Darstellung, die noch durch zahlreiche beigegebene Abbildungen wesentlich veranschaulicht wird, Mittel, wie sich der Helfer auf dem Schlachtfelde, auf Grund der natürlichen, ihm stets zu Gebote stehenden Hülfsmittel, bei Blutstillung, Anlegung von Verbänden, Antisepsis, Herbeischaffung von Erfrischungsmitteln, zweckmässiger Lagerung der Patienten, Transport der Verwundeten zu verhalten hat.

Dass der Verfasser es verstanden, seine Erfahrungen auf dem Gebiete der Improvisationstechnik in gemeinverständlicher, den normalen Verhältnissen entsprechender Weise zum Ausdruck zu bringen, beweist wohl am besten der Umstand, dass der Abschnitt:

„Improvisation von Transportmitteln"

vom Internationalen Comité des rothen Kreuzes in Genf mit einem Preise von Francs 500 ausgezeichnet wurde.

Der besondere Vorzug dieses Werkes, allen anderen Arbeiten auf diesem Gebiete gegenüber, liegt gerade darin, dass es in anschaulicher, dem Laienverständniss angepasster Sprache darlegt, wie mit den naturgemäss geringen Hülfsmitteln, die bei einem Transport von Verwundeten auf dem Schlachtfelde zur Hand sind, am zweckmässigsten, schnellsten und doch wieder am bequemsten operirt werden kann.

Die Kunst,
HÜLFELEISTUNGEN
für
Verwundete und Kranke
zu improvisiren.

Von

Dr. med. Carl Roese,
Arzt in Hamburg.

Concurrenzschrift.

Der Abschnitt: „Improvisation von Transportmitteln" wurde vom Internationalen Comité des Rothen Kreuzes zu Genf im Jahre 1883 mit einem Preise von 500 Fr. ausgezeichnet.

Berlin,
Verlag von Theodor Fischer's medicin. Buchhandlung.
1884.

Motto: Die Schrecken und Uebel des Krieges zu mildern, ist eines der schönsten Ziele moderner Humanitätsbestrebungen.

Die Kenntniss von der zweckmässigen und schnellen Stillung einer Blutung ist die erste und wichtigste, welche sich der Helfer auf dem Schlachtfelde anzueignen hat. Dieselben sind zunächst vor der Anwendung mancher auch bei gebildeten Laien gebräuchlichen Volksmittel zu warnen. Das einfachste Hülfsmittel besteht darin, die Wunde, welche blutet, zu verstopfen, wonach in den meisten Fällen die Blutung sofort steht. Oft aber durchdringt das Blut, besonders nach Zerreissung und Zerschneidung grösserer Arterien, den eben erst angelegten Verband und fliesst ohne Aufenthalt ab; der Laie öffnet dann oft den Verband, um ihn neu anzulegen, das Blut strömt stärker, und neues Verbinden hat keinen Erfolg, was den unerfahrenen Helfer gewöhnlich unsicher und muthlos macht. Derselbe muss deshalb davon unterrichtet werden, dass das Blut nicht, wie Wasser, durch einen nicht absolut wasserdichten Verband unaufhaltsam weiter durchsickern wird, sondern dass in vielen Fällen vermöge der Eigenschaft des Blutes, ausserhalb des Körpers bald zu gerinnen, die Blutung in kurzer Zeit aufhören wird, auch wenn anfänglich der Verband unzulänglich erscheint. Wird der letztere mit Wasser getränkt, so gelingt es dem Blute noch weniger leicht, sich einen Weg nach Aussen zu bahnen, sowohl, weil der bereits durchfeuchtete Verband die Fähigkeit, weitere Flüssigkeitsmengen aufzusaugen, verloren hat, als auch, weil die Kälte des Wassers die Blutgefässe verengert und das bereits aus denselben ausgeflossene Blut schneller gerinnen macht. Wenn möglich, ist das Wasser mit Essig zu versetzen, welcher styptisch wirkt; auch Branntwein kann mit Nutzen verwendet werden. Ein gut schliessender, nasser Verband genügt meist zur Stillung einer Blutung. Hierbei ist die Bemerkung am Platze, dass die Verwendung von reinem oder schmutzigem Wasser nicht gleichgültig ist. Ersteres, besonders Brunnen- oder Quellwasser, ist auf dem Schlachtfelde oft schwer zu erhalten, aber unter allen Umständen zuerst zu verwenden, wenn es beschafft werden kann. Fliessendes Wasser ist dem stehenden vorzuziehen; Sumpfwasser oder tagelang im Freien gestandenes Wasser thunlichst zu vermeiden, weil dasselbe oft Organismen enthält, welche in der Wunde nachtheilig wirken können, zumal bei längerem Liegen des Verbandes. Klares Wasser aus schnellfliessenden Flüssen und Bächen kann unbedenklich verwendet werden. Wenn fliessendes Wasser durch Regengüsse oder durch Menschen und Pferde, welche dasselbe passirt haben, getrübt wurde, so lässt man dasselbe kurze Zeit in einem Gefäss (Feldkessel) stehen: gröbere Beimengungen sinken sofort zu Boden oder schwimmen oben auf, feinzertheilte erdige Substanzen hingegen trüben das Wasser noch lange, und es fehlt stets an Zeit, die völlige Klärung abzuwarten. Man giesst deshalb das Wasser vorsichtig in ein zweites Gefäss ab, so dass der erste Niederschlag zurückbleibt, und filtrirt das Abgegossene womöglich durch Leinwand, wodurch es gelingt, das Wasser wenigstens theilweise abzuklären und zur Noth brauchbar zu machen. Der Nachtheil, welcher dem Verwundeten durch den Verlust einer grösseren Blutmenge zugefügt wird, ist jedenfalls folgenschwerer, als der durch Verunreinigung seiner frischen Wunde mit feingeschlämmter Erde verursachte. Man brauche die Vorsicht, nicht völlig gereinigtes Wasser nicht direkt auf die Wundflächen zu bringen; man lege vielmehr zuerst einen trockenen Verband an und übergiesse denselben erst nachträglich nach Bedarf mit Wasser.

Sollte Carbol- oder Salicylsäure vorhanden sein, so wird das zum Verbande zu verwendende Wasser mit diesen Chemikalien vermischt. Man nehme, nach ungefährer Schätzung, einen bis zwei Theelöffel voll Salicylpulver oder concentrirter Carbollösung auf ein Liter Wasser. Sind nur schwächere Lösungen zur Hand, muss entsprechend mehr verwendet werden, was der Helfer leicht ausrechnen kann, da ihm der Concentrationsgrad seiner Lösung bekannt sein wird. Wenn möglich, sollten die Helfer mit kleinen Flaschen, Carbollösung enthaltend, versehen sein, deren Concentration so eingerichtet wird, dass die praktische Verwendung des Medikamentes thunlichst vereinfacht wird. Er kann leicht eine Anzahl Fläschchen, zehn Gramm reine Carbolsäure enthaltend, mit sich führen, davon unterrichtet, dass er eine einprocentige Carbollösung erhält, wenn er den Inhalt eines Fläschchens zu einem Liter Wasser giesst. Der Helfer wird wohl thun, sich rechtzeitig eine Anschauung davon zu verschaffen, welchen Begriff er mit der Bezeichnung „Liter" zu verbinden hat; er fülle einen Feldkessel mit einem Liter Wasser und merke sich an dessen Innenwand die Höhe des Wasserstandes. — Ein einziges Liter Carbolwasser genügt für eine Anzahl von Verbänden; abgesehen davon, dass durch feuchte Verbände eine schnellere Blutstillung erzielt wird, erreicht man durch Anwendung von Carbolwasser auch eine wenigstens theilweise Desinficirung der Wunden, was auf deren künftigen Heilungsprocess von wesentlicher Bedeutung werden kann.

Während die Blutungen aus kleinen und oberflächlichen Wunden leicht zu stillen sind, treten schwierigere Aufgaben an den Helfer heran, wenn es sich um bedeutendere Verletzungen handelt, besonders, wenn grössere Arterien durchtrennt sind. Hiebwunden müssen vor Anlegung des Verbands seitlich zusammengedrückt, stark blutende Stich- und Schusswunden mit Verbandmaterial ausgefüllt werden.

Geht das Verbandzeug, welches der Helfer mit sich führt, zu Ende, so wird ihm zunächst die Leinwandausrüstung der Truppen Ersatz liefern können. Dem Gepäck von Verwundeten und Gefallenen können leinene Taschentücher, Hemden, Fusslappen entnommen werden, auch Röcke und Hosen von grober Leinwand sind verwendbar. Neue oder frisch gewaschene Leinwand ist selbstverständlich der bereits gebrauchten vorzuziehen. Von in der Nähe liegenden Ortschaften ist alles Leinenzeug herbeizuschaffen, dessen man habhaft werden kann.

Gewebe aus Wolle und anderen Stoffen, an welchen auf dem Schlachtfelde meist kein Mangel herrscht, sind nur im Nothfalle zu verwenden; sie eignen sich an und für sich nicht gut zu Verbänden, und der ihnen anhaftende Staub, Schmutz und Schweiss macht dieselben oft völlig untauglich zum Gebrauch, wenigstens bezüglich ihrer direkten Applikation auf Wunden.

Die Leinwand wird möglichst von Nähten und Säumen befreit, was mit Hülfe einer Scheere oder eines Taschenmessers schnell geschehen kann. Stehen nur geringe Mengen von Leinwand zur Verfügung, so ist dieselbe nur zur direkten Bedeckung der Wunde zu verwenden und mit anderen Stoffen zu überdecken, wie sie die nächste Umgebung bietet.

Abgesehen von Kleidungsstücken, ist hierbei hauptsächlich die Pflanzenwelt in das Auge zu fassen. Frische Blätter von Bäumen, Sträuchern und Kräutern liefern oft ganz brauchbares Verbandmaterial. Ausgeschlossen sind behaarte oder mit Stacheln besetzte Pflanzentheile; saftige Blätter sind den mehr lederartigen vorzuziehen. Zu verwerfen sind Blätter, welche auf Bruchflächen einen weiss, gelb oder roth gefärbten Saft ausscheiden, was beim Abpflücken leicht bemerkt werden kann. Auch wird der Helfer sein Augenmerk darauf zu richten haben, dass er nicht Theile von Giftpflanzen mit verbraucht. Frische, saftige, grosse Pflanzenblätter eignen sich trefflich zum Verbinden von Riss- und Quetschwunden, wie sie entstehen durch Stösse mit stumpfen Gegenständen (Gewehrkolben, Pferdehufe) oder durch Fall auf harte Flächen. Wenn keine heftigere Blutung eintritt, können solche Blätter direkt auf die verletzte Stelle gelegt werden; durch öfteren Wechsel wird eine angenehme Kühlung erzeugt. Recht brauchbar sind grosse Blätter nach etwaiger Entfernung dicker Rippen; sie liefern eine Art von Lappen, welche dem verwundeten Gliede aufzulegen und dann durch einen Stoffverband zu befestigen sind. Kleinere Blätter können als Ersatz des Verbandmaterials benutzt werden, indem man die Wunde zuerst mit Leinwand bedeckt, auf dieselbe mehrere Schichten Blätter legt und über letzteren einen Stoffverband anbringt. Zu beachten ist, dass die Blätter frei von Staub, Schmutz und Insecten sein müssen; wenn möglich, wäscht man dieselben vor dem Gebrauche ab.

Trockenes, weiches Laub liefert ein relativ gutes Verbandmaterial. Leicht brüchiges, besonders solches, welches ohne Mühe zwischen den Fingern zu Pulver verrieben werden kann, oder hartes, starres Laub ist ausgeschlossen. Sehr geeignet sind die Blätter mancher Gras- und Schilfarten, welche, wenn die geeigneten Sorten überhaupt zu finden sind, in grösserer Menge beschafft werden können, da die genannten Pflanzen gesellschaftlich wachsen. Man legt die Blätter parallel zu einander vor dem Gebrauche.

Zur Noth kann als Blutstillungsmittel feiner Sand benutzt werden, wie er sich geschlämmt an Ufern von Gewässern vorfindet. Vermöge seines hohen specifischen Gewichtes übt derselbe einen Druck auf die Wunde aus, welcher das Austreten des Blutes erschwert; er dringt in jede Unebenheit der Wunde ein und bewirkt einen dichten

Verschluss. Ausserdem wirkt er als System von Capillarröhrchen; das Blut vertheilt sich in viele feine Ströme zwischen den einzelnen Körnchen und gerinnt leichter. Das Wegschwemmen des Sandes wird durch Ueberlegen eines Verbandes bei nicht allzu mächtigen Blutungen ohne Mühe verhindert.

Im Winter liefern Schnee und Eis vorzügliche Blutstillungsmittel. Ersterer ist wegen seiner Eigenschaft, sich den Unebenheiten der Wunde anzuschmiegen und deren Vertiefungen auszufüllen, oft vorzuziehen; man stopft ihn einfach in die Wunde und bedeckt dann dieselbe und ihre Umgebung mit einer dickeren Schneeschicht, welche nach dem Schmelzen erneuert wird. Das Eis ist in Stückchen zerklopft anzuwenden. Infolge der intensiven Kälte ziehen sich die mit Eis oder Schnee überdeckten Blutgefässe schnell zusammen und die folgenden Entzündungserscheinungen treten milder auf.

Bei tiefen Wunden des Rumpfes ist das Ausstopfen derselben mit Verbandmaterial zu vermeiden, damit das Letztere nicht etwa in die Brust- oder Bauchhöhle dringe und schädlich wirke.

Fehlt es an Binden zum Befestigen der Verbände, so können solche leicht aus militärischen Ausrüstungsgegenständen angefertigt werden. Bandeliere, Gürtel, Tornisterriemen, Pferdegurte aus Leder und andern Stoffen liefern breitere Binden. Dieselben werden von den Metalltheilen befreit, soweit nicht Schnallen zum Festlegen im gegebenen Falle als zweckmässig erscheinen. Ein zu langer Riemen wird nach Bedarf durch Abschneiden verkürzt und mittelst eines Taschenmessers mit neuen Schnallenlöchern versehen. Der blosse Riemen ohne Schnalle wird um den Rumpf oder das verwundete Glied gelegt und soweit abgeschnitten, dass sich seine Enden nicht völlig berühren; dann sticht man in jedes Ende zwei bis drei Löcher und zieht durch dieselben Bindfaden, dünne Riemen, Bänder oder von Uniformen abgetrennte Schnüre (Fig. 1. Taf. I). Die Enden aa und bb werden nun angezogen und zusammen geknüpft. Die beiden Enden der Binde kommen nicht direkt auf die Wunde zu liegen, sondern es soll womöglich der Punkt c über die Verletzung zu liegen kommen; auch ist zu berücksichtigen, dass die Knoten nicht so angebracht werden, dass der Verwundete auf ihnen ruht.

Schmale Riemen von Leder, welche sich bei jedem Truppentheile in Menge finden, werden stets mit den Schnallen verwendet werden können. Besitzen letztere nicht schon an der Innenseite des Riemens eine Deckung von Leder, wie sie z. B. bei dem Kopfzeug der Pferde angebracht werden, um das direkte Aufliegen des Metalles auf der Haut zu verhindern, so wird eine solche Deckung durch Unterlegen von starken Stoffen hergestellt. Durch Einbohren neuer Löcher kann eine beliebige Verkürzung der Riemen erzielt werden; verlängert werden letztere durch Aneinanderschnallen zweier Riemen (Fig. 2, Taf. I).

Die sofortige völlige Desinficirung der Wunden durch Listerverbände wird nur in den seltensten Fällen möglich sein mit Rücksicht auf die grosse Anzahl der Verwundeten und die gewöhnlich in zu geringer Menge vorhandenen Verbandstoffe und Apparate. Immerhin wird die Anwendung der Listerschen Verbandmethode zu versuchen sein. Der primitivste Listersche Verband besteht in einer Durchtränkung des Verbandmaterials mit Carbollösung. Doch lassen sich auch Zerstäubungsapparate improvisiren. Ist Zeit und Gelegenheit vorhanden, so fertigt jeder Klempner rasch und correct den kleinen Apparat an, welchen (Figur 3, Taf. I) zeigt. — a und b sind Blechröhren, so mit einander verbunden, dass die obere Mündung der vertikalen Röhre a (I) in einer Ebene liegt, durch welche die horizontale Röhre b ungefähr halbirt wird. Das Rohr a wird mit seinem untern Ende in ein Gefäss mit Carbollösung getaucht, der Helfer nimmt das Ende c der Röhre b in den Mund und bläst kräftig Luft durch die Letztere. Sofort sprüht in der Richtung des Pfeiles ein feiner Nebel aus der Mündung des Rohres a, aus Carbollösung bestehend. Zweckmässig ist es, die an den Röhren festgelötheten Streifen nn bei m durch ein Charniergelenk beweglich mit einander zu verbinden, so dass der Apparat zusammenklappt (Fig. 3, Taf. II) und bequem in der Tasche transportirt werden kann. Eine Arretur, um die Röhren in ihrer rechtwinkligen Stellung zu einander zu erhalten, ist unnöthig; der Winkel kann nicht grösser werden, als ein rechter, weil die Mündung der Röhre b an das obere Ende der Röhre a stösst; das Kleinerwerden des Winkels verhindert der Helfer, indem er während der Thätigkeit des Apparates die Röhre b angreift und das untere Ende der Röhre a sanft nach sich zu gegen die Wand des Gefässes andrückt, welches die Desinfektionsflüssigkeit enthält.

Nicht durch ein Gelenk, sondern unbeweglich zu einander verbundene Röhren sind leichter herstellbar, jedoch unbequemer zu transportiren.

In primitivster Weise kann der beschriebene Apparat hergestellt werden aus hohlen Pflanzenstengeln ohne Knoten (Strohhalmen). Man nimmt in jede Hand einen Stengel und hält beide zum Gebrauche in der aus Figur 3 ersichtlichen Stellung zu einander.

Eine oberflächliche Desinficirung, oder, correkter ausgedrückt, eine Schädlichkeiten von der Wunde einigermassen fernhaltende Schutzdecke erhält man durch Aufgiessen eines reinen, fetten Oeles.

Zu Frakturenverbänden sucht man sich dünne Bretter zu verschaffen, welchen man durch Spalten und Beschneiden mit Faschinenmessern oder Pionnirsägen die erforderliche Form giebt. Kleinere Mobilien, auch Cigarrenkisten liefern brauchbares Material. Bei Frakturen oder Schussverletzungen des Oberarmknochens wird eine solche Brettschiene zwischen Körper und Arm angebracht, von der Achselhöhle bis zum Ellbogen reichend, eventuell eine zweite Schiene an der Aussen- oder Hinterseite des Armes mit Rücksicht auf den Sitz der Verletzung. Ober- und unterhalb der Wunde werden beide Schienen durch umgelegte Binden festgestellt. Zum Feststellen des Unterarms genügt gewöhnlich eine Schiene, auf welcher derselbe vom Ellbogen bis zu den Fingerspitzen ruht. Bei Verletzungen des Ober- oder Unterschenkels wird zweckmässig das ganze Bein auf eine Schiene gelagert.

Aus kleinen Kästen, z. B. Schiebladen, lassen sich treffliche Feststellungsapparate improvisiren. Man zerhackt oder zersägt dieselben in der in Figur 4. Taf. I. anschaulich gemachten Weise, wobei sich die Dimensionen des herzustellenden Apparates nach dem Bedürfnisse im einzelnen Falle zu richten haben. Die so hergestellten Apparate eignen sich trefflich zur Festlagerung des Ellbogen- und Fussgelenkes. (Fig. 5. Taf. I).

In manchen Gegenden sind metallene Halbrinnen, wie sie zum Auffangen des Regenwassers unterhalb der Dächer angebracht werden, in Menge zu erhalten. Sie eignen sich trefflich als Ersatz chirurgischer Drahtschienen, besonders zur Lagerung verletzter Beine.

Starke, breite Lederstücke, um frakturirte Gliedmassen befestigt, ersetzen ebenfalls zur Noth die Schienen. — Auch Dachschindeln können verwendet werden.

In Ermangelung anderen Materiales muss man zu Baumzweigen zur Construction von Frakturenverbänden seine Zuflucht nehmen. Man wählt glatte Zweige ohne Aeste und Knoten und ohne rauhe Rinde von etwa Fingerdicke. Diese Zweige werden, in der vom einzelnen Falle abhängigen Anzahl und Länge, neben einander gelegt und durch Fäden parallel zu einander verbunden. Dies geschieht in folgender Weise: Man kerbt die Stäbe mit einem Messer an zwei gegenüber liegenden Stellen etwa fingerbreit von ihrem Ende ein;

dann steckt man einen Stab in die Erde, legt in der Ebene der Kerben einen Faden um denselben und knotet ihn fest (Fig. 6, Taf. I).

Hierauf steckt man den zweiten Stab dicht neben dem ersten ein, parallel zu ihm und an der Seite des Knotens (Fig. 7, Taf. I). führt die beiden Fadenenden um denselben herum und knotet sie ebenfalls fest; auf dieselbe Weise werden die übrigen Stäbe angefügt. Die unteren Enden der Stäbe werden ebenfalls durch geknotete Fäden aneinander gebunden.

Der einzelne Fall bestimmt die Länge und die Zahl der Stäbe. Es kann nöthig werden, den einzelnen Stäben verschiedene Längen zu geben.

Eine Mitella zum Einhängen eines verletzten Armes lässt sich aus jedem Kleidungsstücke construiren. Die einfachste Methode zur Improvisirung derselben besteht darin, den dem verwundeten Arme entsprechenden Rockschoss des Verletzten in die Höhe zu klappen und seine Kante auf dem Brusttheile des Rockes mit Nadeln zu befestigen, wie Figur 8, Taf. I., zeigt.

Die erste Sorge für den Verwundeten, welcher verbunden ist, besteht in der Herbeischaffung von Trinkwasser. Ist es nicht möglich, dasselbe in der Nähe befindlichen Brunnen, Quellen und Cisternen zu entnehmen, auch reines Bach- oder Flusswasser nicht zu erlangen, so muss man dazu schreiten, jedes Wasser, welches gerade zur Hand ist, zu klären oder zu filtriren. Im Winter kann Schnee oder Eis geschmolzen werden; ersterer ist vorzuziehen, weil er, lockerer als Eis, leichter schmilzt, und auch, weil er meist reineres Wasser liefert. Das Eis ist häufig durch eingefrorene fremde Bestandtheile verunreinigt. Falls der Schnee durch Truppen niedergetreten oder auf andere Weise zur Verwendung untauglich geworden ist, sucht man ihn von erhöhten Stellen im Terrain, von Baumzweigen, Dächern und ähnlichen Orten rein zu erhalten. Das Schmelzen geschieht leicht und schnell in einem Feldkessel über Holzfeuer. Eis schmilzt schneller, wenn es in kleinere Stücke zerklopft wird. Dass die Verwundeten zur Stillung des Durstes Schnee oder Eis im Munde zerschmelzen lassen, ist verwerflich. Zur Not können haselnussgrosse Eisstückchen verschluckt werden. Zum Glätten ihrer scharfen Ecken und Kanten genügt es, die Eispille wenige Augenblicke in der geschlossenen Hand zu halten oder die Ecken durch die Flamme eines Streichhölzchens oberflächlich abzuschmelzen.

Bei warmer Witterung setzt man, wenn irgend möglich, dem Wasser Säuren in geringer Menge zu, z. B. Essig; warmes und abgestandenes Wasser wird hierdurch schmackhaft und wirkt mehr durstlöschend; ausserdem kann gesäuertes Wasser in gewissem Sinne als Prophylakticum des Wundfiebers betrachtet werden, da Säuren erfahrungsgemäss die Körpertemperatur und Pulsfrequenz etwas herabsetzen. Das Wasser mit Alkohol zu vermischen, ist im Allgemeinen zu widerrathen, weil durch denselben Körpertemperatur und Pulsfrequenz erhöht werden und sich hieraus Folgenzustände entwickeln können, welche vom ärztlichen Standpunkte aus nicht wünschenswerth sind. Zuweilen jedoch ist die Anwendung von Alkohol vortheilhaft: Als Excitans bei Verwundeten, welche durch die Schwere ihrer Verletzung an sich oder durch Blutverlust sehr geschwächt sind, und bei kalter Witterung. Guter Portwein und Cognac, rein oder mit Wasser vermischt, leistet hier die besten Dienste.

Wenn die verbundenen und erfrischten Verwundeten nicht sofort vom Schlachtfelde oder Verbandplatz nach dem Lazareth transportirt werden können, so tritt an den Helfer die Aufgabe heran, denselben ihr Loos so viel als möglich durch passende und bequeme Lagerung zu erleichtern. Zu diesem Zwecke trägt man Stroh, Getreide, Heu, frisches oder trockenes Laub zusammen, aus welchen Materialien sich mit geringer Mühe ein bequemes Lager bereiten lässt, wenn nicht Ortschaften in der Nähe sind, aus denen Bettstücke, Kissen und andere Polstersachen geholt werden können. Ein glattes Lager aus parallel zu einander liegenden langen Halmen (Langstroh) ist für den Kranken weniger angenehm, als ein solches von kurzen, wirren Halmen. Man ergreift deshalb so viel Langstroh, als man fassen kann, mit den Händen am einen Ende und stösst das entgegengesetzte Ende mehrmals heftig auf die Erde; die Halme brechen und liefern, auf den Boden gestreut, ein zweckmässiges Lager. Sind Mäntel, Pferdedecken, leinene Wagenüberzüge oder ähnliche weiche flächenhafte Gegenstände vorhanden, so bedeckt man das Strohlager mit diesem Material und deckt auch den Verwundeten, wenn es ihm angenehm ist, damit zu. Zur erhöhten Lagerung des Kopfes schiebt man unter das Kopfende der Lagerstätte einen zusammengerollten Mantel oder anderes Kleidungsstück, einen Infanterietornister oder Sattel. Verwundete Gliedmassen werden erhöht gelagert. Bei Regenwetter oder Sonnenbrand kann es nothwendig werden, Schutzdächer zu improvisiren. Dieselben werden hergestellt mit Hülfe von sechs Stangen (Stöcken, Baumzweigen), welche, wie Figur 9, Taf. I., zeigt, in die Erde getrieben werden.

Ueber diese Stäbe wird eine Pferdedecke oder ein Mantel gelegt, wie Figur 10, Taf. I, zeigt. Sinkt die Decke vermöge ihrer Schwere in der Mitte ein und gleitet von den Stangen ab, so sticht man bei *aa* Löcher in dieselbe, zieht durch diese um den Stab *b* einen Faden oder Riemen und bindet auf diese Weise die Decke an dem Stabe fest. Um das Abgleiten des Fadens zu verhindern, kerbt man den Stab ein. Kann man die Decke an den Enden aller sechs Stäbe in der beschriebenen Weise befestigen, so ist die Stabilität des Zeltes gesichert, wenn die Stäbe stark genug gewählt und genügend tief in den Boden getrieben wurden. Auch versuche man, Stäbe mit gegabelten Enden zu erhalten (Fig. 11, Taf. I); eine in die Gabeln zweier correspondirender Stäbe gelegte Stange mehrt die Festigkeit der Construction. Sollte es aus Mangel an Material nicht möglich sein, solche Zelte genügend gross zu construiren, um einen liegenden Mann vollständig zu decken, so kann mittelst eines kleineren Zeltes wenigstens Gesicht und Oberkörper des Verwundeten gegen die Unbilden der Witterung geschützt werden (Fig. 12, Taf. I). Hierbei wird allerdings das Regenwasser, welches von der nach den Füssen des Patienten gerichteten Bedachung des Zeltes abläuft, auf diesen selbst rieseln; doch auch hiergegen können Vorkehrungen getroffen werden. Man hat nur nöthig, die Kante *mn* (Fig. 13, Taf. I) der Decke nach Aussen in die Höhe zu klappen und dieselbe an beiden Enden und in der Mitte mit Nadeln (s. g. Sicherheitsnadeln) oder Fäden in ihrer Lage zu erhalten: in der so gebildeten Rinne wird das Regenwasser zum grössten Theile ablaufen. Die Kante muss entweder in der Mitte am Höchsten aufgenommen werden, oder derartig, dass das Wasser von der einen Seite nach der entgegengesetzten unaufhaltsam abfliessen kann. — Pferdedecken und Militärmäntel sind in der Regel aus solchem Stoff gefertigt, dass das Wasser sie nur langsam durchdringt, so dass der Verwundete durch das beschriebene Verfahren leidlich genügend geschützt sein wird. Dünnere Stoffe, welche das Wasser schnell durchlassen, versieht man mit einer Art von wasserdichtem Ueberzuge, indem man dieselben einfettet. Bei den meisten Truppentheilen finden sich Büchsen mit Fett, Oel oder Talg zum Einfetten von Eisen- und Lederzeug, weshalb es selten schwierig sein wird, Fett und eine Bürste zum Einschmieren herbeizuschaffen.

Ferner ist darauf zu achten, dass das auf dem Boden sich sammelnde oder fliessende Wasser nicht das Lager und die Kleidung des Verwundeten allmählig durchdringe. Man lagert deshalb die Patienten möglichst auf erhöhten Stellen und zieht da, wo das Wasser unter das Lager des Verwundeten eindringen kann, mittelst eines Faschinenmessers, Bajonnets oder Holzstückes Rinnen in den Boden, in welchen das Wasser ablaufen kann (Fig. 14. Taf. I).

Soll ein Verwundeter transportirt werden, und die Helfer besitzen keine anderen Hülfsmittel als ihre eigenen Arme, so vereinigen sich womöglich zwei derselben zum Transport eines Verwundeten, denn selbst für einen kräftigen Mann ist es kaum möglich, einen hülflosen Kranken grössere Strecken weit allein zu tragen, zumal, ohne ihm viele Schmerzen zu verursachen. — Jeder der beiden Helfer umfasst mit seiner linken Hand sein rechtes Handgelenk, oder umgekehrt, sein linkes Handgelenk mit seiner rechten Hand (Fig. 15. Taf. I). Die frei bleibende Hand jedes der beiden Helfer umfasst hierauf das frei bleibende Handgelenk des Socius (Fig. 16. Taf. I). Die Helfer stellen sich nun Seite an Seite so auf, dass sie Beide nach derselben Richtung hin Front machen und halten ihre verschlungenen Hände zwischen sich; auf die letzteren setzt sich der Verwundete, mit dem Gesicht nach derselben Richtung, wie die Helfer, schlingt seine Arme um deren Schultern, und der Transport beginnt.

Wenn der zu transportirende Verwundete in Folge einer Verletzung der oberen Extremität am Gebrauche eines oder beider Arme verhindert ist, sich somit nicht genügend durch Festhalten gegen das Hintenüberfallen sichern kann, so muss eine Rückenlehne für ihn improvisirt werden. Ein Arm zum Festhalten genügt nicht; er wird sich regelmässig nach der gesunden Seite hinüberneigen und dadurch die Belastung des einen Helfers unverhältnissmässig erhöhen. Die Rückenlehne improvisiren die Helfer aus einem möglichst breiten und entsprechend langem Gurt, z. B. einem Pferdegurte von Leder, wie sie über den Sattel geschnallt werden und welche so lang sind, dass sie Sattel und Körper des Pferdes umschliessen. Kürzere Gurte werden verbunden, indem man die Enden über einander legt und durch dieselben zwei Löcher sticht, durch welche ein Faden gezogen wird, den man zusammenknotet (Fig. 17. Taf. II). Jedes Ende des Gurtes wird nun in eine Schlinge geschlungen (Fig. 18. Taf. II), und die Helfer legen denselben an, wie Fig. 19. Taf. II., zeigt.

Der Verwundete, welcher auf den verschlungenen Händen der Helfer sitzt, lehnt sich gegen die Mitte des Gurtes an, und da die inneren Schultern der Helfer mehr nach hinten, die äusseren mehr nach vorn zu stehen kommen, so vertheilt sich die auf dem Gurte ruhende Last auf Nacken und Schultern der Helfer. In der beschriebenen Weise kann ein Verwundeter von seinen zwei Trägern ohne grosse Anstrengung Tausende von Schritten weit transportirt werden. Nicht an schwerere körperliche Arbeit gewöhnte Helfer werden wohlthun, sich die Mittelhand und das Handgelenk zu umwickeln, am Besten mit einer glatt anliegenden, leinenen Binde, welche als Stütze für die Knochenbänder wirkt und die Ausdauer der Helfer beträchtlich erhöht.

Ist es den Helfern unmöglich, den beschriebenen Gurt zu construiren, so stellen sie sich neben einander, reichen sich die äussern Hände und schlingen jeder den inneren Arm so um den Nacken des Socius, dass die Hand auf dessen äussere Schulter zu liegen kommt. Der Verwundete kann sich nun auf die äusseren Hände setzen und sich gegen die verschlungenen Arme lehnen. Doch ist dies Verfahren für den Helfer sehr anstrengend und ermüdend und nur für kürzere Transportstellen zu empfehlen. Eine Erleichterung gewährt es, wenn die Helfer, statt sich die Hände zu reichen, um die äusseren Handgelenke (d. i. die rechte Hand des rechts stehenden, und die linke Hand des links stehenden Helfers) ein Tuch wickeln und dasselbe ergreifen, wie Fig. 20, Taf. II., zeigt.

Verwundeten, welche noch die Fähigkeit und Kraft besitzen, ohne Assistenz eines Helfers nach dem Verbandplatz oder Lazareth zu gehen, wird ihr Weg erleichtert, wenn man ihnen in die gesunde, oder in die der verletzten unteren Extremität entsprechende Hand eine Stütze giebt, deren sie sich als Krückstock bedienen können. Hierzu passen Kavalleriesäbel, die in der Scheide stecken bleiben und deren Gefäss nöthigenfalls mit einem Faden durchzogen wird, welcher straff in einen Ring der Scheide festgebunden wird, damit die Klinge beim Heben des Säbels nicht aus der Scheide gleitet. Auf dem Gefäss ruht die Hand des Verwundeten, das untere Ende der Scheide (die »Schleppe«) wird gegen den Boden gestemmt. — Gerade Säbel (Degen) sind den krummen vorzuziehen.

Kurze Flinten, von denen man das Bajonnet abnimmt, dienen, mit der Mündung nach unten, als Stütze für die Hand, längere als Stützen für die Achselhöhle (Fig. 21, Taf. II).

Sind Metallnägel zu haben, welche bei Train und Artillerie zum Ausbessern schadhaft gewordener Wagen- und Geschütztheile stets vorhanden sind, so ist mittelst derselben ein einfacher Krückstock aus geraden Baumzweigen oder Stücken schnell zusammengesetzt (Fig. 22, Taf. II). Um das lästige Spalten weicher Hölzer beim Nageln zu verhüten, kann man die Enden der zu verwendenden Zweige bei *a*, *b* und *c* mit Fäden fest umwickeln.

Bei Verwundungen des Beines, z. B. Knochenverletzungen am Knie oder Unterschenkel, wird es für den Kranken, welcher in der beschriebenen Weise von zwei Helfern getragen wird, lästig und schmerzhaft sein, das verletzte Bein herunterhängen zu lassen. Um ihm Erleichterung zu verschaffen, sucht man das Kniegelenk bei nicht völlig gestreckter Lage des Beines zu fixiren. Man legt das Bein in eine improvisirte Schiene, wie sie auf Seite 9 beschrieben wurde, welche bei Verletzungen des Knies, Unterschenkels oder Fussgelenkes bis etwa in die Mitte des Oberschenkels, bei Verwundungen des Fusses bis mindestens zur Wade reicht, in beiden Fällen von der Fusssohle an. Um diese Schiene und um den Nacken des Verwundeten laufen Riemen, welche Schiene und Bein in der gewünschten Lage erhalten (Fig. 23, Taf. II).

Die erforderlichen Riemen können aus Säbelkoppeln hergestellt werden (Fig. 24, Taf. II). Bei *a* und *b* werden die Schnallen gelöst und die freien Enden zusammengeschnallt (*c*). Durch den Leibgurt *mn* steckt der Verwundete den Kopf, so dass der Punkt *u* in der Mitte seines Nackens aufliegt, und der Punkt *o* unter die Beinschiene zu liegen kommt. Solcher Säbelkoppeln kann man den Verwundeten mehrere umlegen. Die nöthigen Verlängerungen erzielt man durch Einschalten von Riemen bei *c*, was um so leichter zu bewerkstelligen ist, als hier b e i d e Riemenenden Schnallen tragen, so dass jedes beliebige Riemenstück, in welches man Löcher für den Stachel der Schnalle sticht, zur Verwendung kommen kann.

Der Riemen muss der Schiene so angelegt werden, dass er nicht abgleiten kann; bei einer aus Holz bestehenden Schiene, z. B. einem Brett, bringt man Einkerbungen an (Fig. 25, Taf. II). Genügt dies nicht, so legt man um die Schiene einen Faden, mit seiner Mitte auf der oberen Fläche aufliegend, schlägt dessen Enden nach der unteren Fläche herum (Fig. 26 a und b, Taf. II), knotet sie zusammen, legt nun den Riemen wie in Fig. 25 um, schlägt über den Riemen die beiden Fädenenden *m* und *n* (Fig. 26^b) und knotet sie nochmals fest. In ähnlicher Weise wird man sich bei jeder Schiene helfen können.

Soll ein Helfer allein einen Verwundeten transportiren, so nimmt er ihn auf den Rücken, so dass der Verwundete die Beine unter den Armen des Helfers durchsteckt, welcher dieselben umschlingt, und sich mit den Händen an den Schultern oder den Brusttheilen des Rockes des Helfers festhält. Ist dies im gegebenen Falle unthunlich, so schlingt sich der Helfer ein breites Band (Gurt) um den Nacken, dessen Enden nach vorn herunterhängen, schiebt seine Unterarme unter den quer liegenden Körper des Verwundeten (wenn der Sitz der Verwundung es irgendwie gestattet, den einen Arm unter die Schulterblattgegend, den zweiten unter die Kniekehlen), ergreift die über den Verwundeten hingelegten Enden des Gurtes und hebt so den Patienten auf. Die Armmuskeln des Helfers werden hierdurch entlastet und die Bürde ruht mehr auf dem Nacken desselben, wird jedenfalls gleichmässiger auf den ganzen Körper vertheilt, als wenn der Verwundete ohne den beschriebenen Gurt auf den Armen getragen werden sollte.

Die einfachste Tragbahre besteht aus einer Pferdedecke: der Verwundete wird auf dieselbe gelagert, die Helfer stellen sich an den kurzen Seiten der Decke auf und ergreifen mit je einer Hand einen Zipfel derselben. Ist die Decke stark genug, so schlitzt man in die Ecken derselben Löcher zum Durchgreifen der Finger (Fig. 27, Taf. II). Hierbei ist zu beobachten, dass das Gewebe der Decke leichter in der Richtung des Einschlages, als in der Kette reisst, weshalb die Schnitte zur Erzielung der Grifflöcher parallel den Kettenfäden laufen müssen; eine quere Durchtrennung derselben ist nur bei sehr starken Einschlagfäden statthaft.

Oder man bindet um die Zipfel der Decke starke Stricke (Fouragierleinen der Kavallerie) in Gestalt von Schleifen, welche als Handhaben dienen; die Anlegung derselben zeigt Fig. 28, Taf. II.

Fig. 29, Taf. II, zeigt die zur Aufnahme des Verwundeten fertige Decke, mit vier Schleifen an ihren vier Ecken als Handhaben für die Helfer.

Durch die Schleifen können Riemen oder Gurte als Tragbänder gezogen werden (Fig. 30, Taf. II), welche die Helfer sich um den Nacken schlingen (Fig. 31, Taf. II).

Oder man steckt eine Stange durch die Schlingen *aa* (Fig. 29), eine zweite durch die Schlingen *bb*, die Helfer nehmen die Stangenenden der ersten Stange auf ihre linken, die der zweiten auf ihre rechten Schultern und erleichtern sich auf diese Weise ihre Pflicht und dem Verwundeten sein Loos.

Im Nothfalle genügt auch eine einzige Stange, über welche alle vier Schleifen geschoben werden.

Man könnte auch Löcher in die Langseiten der Decke schneiden und durch diese Löcher die Stangen stecken (Fig. 32, Taf. III).

Die Decke zeigt während ihrer praktischen Verwendung den Querschnitt, wie in Fig. 33, Taf. III. Falls es nun in Hinblick auf die Art der Verwundung zu Unzuträglichkeiten für den Patienten führen sollte, dass die Decke ihm auf beiden Seiten fest anliegt und ihn drückt, so muss dieselbe über dem Verwundeten durch Sperrhölzer auseinandergehalten werden. Letztere werden auf folgende Weise verfertigt. Durch einen womöglich frisch abgeschnittenen Zweig stösst man eine Messerklinge bei c (Fig. 34, Taf. III) und f. Um das Weiterspalten des Zweiges zu verhüten, wird derselbe bei a, b, c und d mit dünnen Fäden umwickelt. Die Messerklinge wird hierauf um ihre Achse gedreht, so dass der Spalt klafft und man durch ihn einen dünnen Zweig schieben kann (Fig. 35, Taf. III). Man legt nun den Verwundeten auf die Decke, hebt ihre beiden Langseiten empor und bringt zwei bis drei Sperrhölzer quer über dem Patienten so an, dass zwischen ihm und den Hölzern ein Raum von einigen Zollen übrig bleibt. Die den Punkten m und n entsprechenden Stellen der Decke durchsticht man mit dem Messer, so dass das Sperrholz bis zu den kleinen Zweigen o und p durchleitet. Letztere müssen horizontal zu liegen kommen. Der Querschnitt der Decke hat jetzt die Gestalt wie in Fig. 36, Taf. III.

Fig. 37 stellt die Decke von oben gesehen dar; die oberhalb der Sperrhölzer liegenden Theile derselben nach Aussen zurückgeklappt.

Statt der Sperrhölzer kann man ein Brett anwenden, welches unter den Verwundeten auf die Decke gelegt und mit weichem Material gehörig gepolstert wird. — Schwächere Decken werden durch Gurte und Riemen gestützt, welche in Vertikalebenen um Decke und Stangen herumlaufen. Bei Verwendung schwacher Decken, bei welchen zu befürchten steht, dass eingeschnittene Löcher weiter reissen und sich wohl gar bis zum Rande der Decke fortsetzen, nimmt man die zu durchlöchernde Stelle durch Umbiegen doppelt oder dreifach (Fig. 38, Taf. III).

Befinden sich in der Nähe des Schlachtfeldes Ortschaften, aus welchen Hausgeräthschaften und andere Utensilien herbeigeschafft werden können, so liefern diese ein sehr verwendbares Material zur Improvisation von Tragbahren. Leichtere Thüren (Zimmern, Ställen oder Schränken entnommen) machen besondere Vorrichtungen, welche dem Verwundeten die Unannehmlichkeiten des Transportes erleichtern helfen, fast entbehrlich: der Kranke wird auf die mit Kleidungsstücken, Stroh oder anderen weichen Gegenständen bedeckte Thür gehoben und auf derselben fortgetragen. Die Helfer halten diese Tragbahre in der Weise, wie es Fig. 39, Taf. III. angiebt. Hierbei wird allerdings den Helfern ihr Amt dadurch erschwert, dass sie einander gegenüber stehen, so dass entweder der Eine rückwärts, oder beide seitwärts gehen müssen, weshalb sich diese Art des Transportes auch nur für kurze Strecken eignet. Für weitere Strecken sind die Thüren mit bequemen Handhaben zu versehen. Kann man Nägel und Stangen herbeischaffen, so nagelt man zwei der letzteren auf der Thür fest (Fig. 40, Taf. III). Die Entfernung von a nach b darf nicht zu gering sein, etwa 75 Centimeter, so dass die von den Händen der Helfer zu erfassenden Stangenenden zwischen sich und den Hüften der Letzteren jederseits noch einen schmalen Raum frei lassen. Sind keine Stangen zu haben, so vertreten junge Bäume die Stelle derselben. Fehlen auch Nägel, so befestigt man die Stangen mit Stricken oder Riemen. Zuerst werden in die Thür mit Faschinenmessern Kerben eingeschlagen (Fig. 41, Taf. III), soweit dieselben nicht durch das an der Thür befindliche Eisenwerk entbehrlich werden. Quer unter der Thür hindurch, den Einkerbungen entsprechend, werden zwei in sich selbst zurücklaufende Doppelstricke gezogen (Fig. 42, Taf. III), deren schleifenförmige Enden nach oben geklappt, Stangen durch dieselben gesteckt, und die Tragbahre ist fertig (Fig. 43, Taf. III). Je breiter die Thüre ist, desto länger müssen die Stricke sein, damit die Entfernung der Stangen von einander nicht zu gross wird, wodurch den Helfern die Arbeit erschwert werden würde. Wenn es ohne viel Mühe und Zeitverlust geschehen kann, verringert man die Breite einer Thür durch Abspalten eines Stückes an ihrer Langseite.

In ähnlicher Weise können grössere Tische, Bettstellen, Matratzen Verwendung finden.

Verwundete, welche sitzend transportirt werden können, werden auf Stühlen getragen. Sessel und Fauteuils trägt man auf Stangen (Fig. 44, Taf. III). Besonders bei schweren, kurzbeinigen Stühlen ist es nothwendig, die Tragstangen so an die Stuhlbeine festzubinden, dass die ersteren nicht nach innen abgleiten können, wodurch der

Stuhl nach aussen überkippen und der Verwundete herabfallen würde. Ein Faden an jedem Stuhlbeine, welcher zugleich um die Stange läuft und festgeknotet wird, liefert genügende Sicherheit. Leichtere Stühle können von einem Helfer allein transportirt werden, zu welchem Zwecke Tragbänder angebracht werden. Fig. 45, Taf. III. zeigt einen Stuhl, mit Tragbändern versehen, und dessen Transport durch den Helfer.

Fig. 46, Taf. IV. zeigt einen Stuhl mit nicht durchbrochener Lehne und die Anlegung des Tragseiles an denselben in vier verschiedenen Stadien. Der Helfer stellt sich hinter den Stuhl, mit dem Rücken nach demselben gewendet, ergreift das Ende a mit seiner rechten, das Ende b mit seiner linken Hand, legt sich jedes Ende über die entsprechende Schulter und trägt den Stuhl, wie in Fig. 45 angegeben. Je breiter die Tragbänder sind, desto angenehmer für den Helfer. Ist er gezwungen, dünne Leinen zu benutzen, so muss er dieselben, um das Reissen zu verhüten, doppelt, drei und vierfach nehmen. Aus dünnen Leinen kann er, um stärkere zu erzielen, Zöpfe flechten. Drei derselben werden mit einander an den Enden verknotet, und der Knoten an einen festen Gegenstand (Nagel) angehängt. Der Zopf wird geflochten, wie Fig. 47, Taf. IV. zeigt. Man ergreift von den drei herabhängenden Enden (linkes, rechtes, mittleres) das linke und schlägt dasselbe nach vorn über das mittlere, so dass das letztere nun zum linken, das linke zum mittleren wird; dann ergreift man das rechte und schlägt es über das mittlere, ursprünglich linke, ergreift wieder das linke, um es über das mittlere zu schlagen, u. s. w. — Bei Verwendung von dünneren oder überhaupt von Leinen mit kreisförmigem Querschnitt ist dem Helfer zu rathen, die Stellen, wo die improvisirten Tragbänder seinen Schultern aufliegen, mit Tuchstücken zu polstern, zur Vermeidung schneller Ermüdung durch Einschneiden der Leinen in die Haut des Helfers. Die Polsterung erfolgt entweder durch Unterschieben der Tuchstücke unter den Rock oder durch Umwickeln der Tragbänder mit denselben.

Bretter und Latten kann man zu Tragbahren gewöhnlich nur dann verzimmern, wenn Nägel in genügender Qualität und Quantität vorhanden sind. Man nagelt die Latten in der Weise zusammen, wie es Fig. 48, Taf. IV. veranschaulicht.

Wenn Wälder, Gehölze, überhaupt mit Bäumen und Buschwerk bestandenes Terrain den Helfern zugänglich ist, so sind Tragbahren aus frischem Zweigwerk zu construiren. Man wählt hierzu möglichst glatte Zweige der weicheren Holzarten. Zuerst wird ein Rahmen für die Tragbahre fertig gestellt; dazu braucht man zwei Stangen (junge Bäume) von etwa 250 bis 280 cm Länge und 5 bis 6 cm Dicke, und zwei Zweige von derselben Dicke und 80 bis 100 cm Länge. Auf jeder Stange (Fig. 49, Taf. IV) bezeichnet man sich zwei Punkte a und b, so dass die Länge ab ungefähr 180 bis 190 cm beträgt und ac ungefähr die gleiche Länge besitzt, wie bd. Zu beiden Seiten dieser Punkte umwickelt man die Stange fest mit Fäden. Nun treibt man durch a und durch b ein starkes Messer (quer durch die Stange), welches man ein Wenig um seine Längsaxe dreht, so dass der entstandene Spalt klafft. Durch den letzteren kann man hierauf einen dünnen, gegen 15 cm langen Pflock schieben, worauf man die Klinge herauszieht. Der Pflock wird jetzt in dem Spalt, welcher sich in Folge der Elasticität des frischen Holzes wieder schliesst, festgehalten (Fig. 50, Taf. IV). In die beiden kurzen Zweige sticht man in gleicher Weise zwei Spalten und schiebt durch diese die letzterwähnten Pflöcke so, dass die kurzen Zweige rechtwinklig auf die Stangen zu liegen kommen (Fig. 51, Taf. IV). Den Raum zwischen den beiden kürzeren Zweigen füllt man durch möglichst grade und gleichstarke Zweige aus, welche quer über die langen Stangen, rechtwinklig zu denselben, so gelegt werden, dass sie zu beiden Seiten über die Stangen 15 bis 20 cm überragen und möglichst dicht liegen, höchstens 20 cm von einander entfernt. Um diese Bahre für den Verwundeten comfortabel zu gestalten, bedeckt man dieselbe mit belaubten dünnen Zweigen, Pferdedecken, Mänteln und anderen Kleidungsstücken. Sollten die lose anliegenden Querhölzer rollen oder gleiten, so bindet man sie mit Fäden oder Riemen an den Stangen fest. In sehr glatte Zweige schneidet man Kerben ein, in welchen die Fäden Halt finden. Bevor der Verwundete auf eine solche auf dem Boden stehende Tragbahre gehoben wird, müssen deren lange Stangen durch Steine, Erdklumpen u. s. w. unterstützt werden, damit nicht die Vertikalpflöcke durch die Last nach oben aus den Spalten in den Stangen herausgedrückt werden können. Die Tragbahre wird so neben den Kranken gestellt, dass das Kopfende derselben den Füssen des letzteren entspricht. Der Helfer stellt sich zwischen Bahre und Verwundeten, hebt den letzteren auf, macht Kehrt und lässt seine Last niedersinken. Womöglich vereinigen sich mehrere Helfer: der eine stützt Kopf und Schultern, der zweite Rücken und Gesäss, der dritte umfasst die Füsse. Die Tragbahre darf nicht zu dicht an den Körper des Verwundeten herangeschoben werden, damit die Helfer sich bequem herumdrehen können.

Das Tragen auf Gewehren ist für den Verwundeten äusserst beschwerlich und sollte deshalb möglichst vermieden werden. Fehlt jedoch jede andere Bezugsquelle an Materialien zum Improvisiren von Tragbahren, so benutze man zwei Gewehre als Tragstangen und lege quer über dieselben andere Waffen, z. B. Säbelscheiden, welche man mit weichem Material (Kleidungsstücken) belegt, nachdem man die Kreuzungsstellen der Waffen mit Schnüren oder Riemen verbunden hat (Fig. 52, Taf. IV).

Statt der Säbelscheiden (die selbstverständlich nur zur Verwendung gelangen können, wenn sie durchaus aus Metall bestehen) kann man Gewehrtragriemen benutzen (Fig. 53, Taf. IV), ebenso Gurte. Insoweit nicht die Schnallen solcher Lederstreifen brauchbar sind, um die letzteren an den Gewehren zu befestigen, bedient man sich zu diesem Zwecke kleiner Riemen (von Feldkesseln), welche durch ein in den Gurt gestochenes Loch gezogen und um das Gewehr herumgeführt werden (Taf. 54, Taf. IV).

Fehlen die Tragbänder oder Gurte, so hilft man sich mit Kleidungsstücken. Zwei Gewehre, ein Rock oder ein Mantel liefern das Material zu einer im Nothfalle genügenden Tragbahre. Man sticht in jeden der vorderen Rockschoosszipfel ein Loch und steckt die als Tragstangen dienenden Gewehre durch letztere und durch die Aermel (Fig. 55, Taf. IV). Auf einer in solcher Weise aus Waffen zusammengesetzten Tragbahre kann der Verwundete nicht ausgestreckt liegen, weil die Gewehre keine genügend langen Tragstangen bilden. Man wird deshalb den Patienten in eine halb sitzende Stellung bringen und ihn an den hinten schreitenden Helfer anlehnen. Die Füllung zwischen den beiden Tragstangen muss somit bis an den letzteren herangeführt werden; bei Verwendung von Kleidungsstücken kann man dem ersten (Fig. 55) noch ein zweites zufügen. Wenn die Stellen *a* und *b* des Kleidungsstückes durch die auf ihnen ruhende Last zu sehr nach innen und unten einsinken, so sticht man an den benannten Stellen noch je ein Loch ein und führt durch die beiden Löcher oberhalb der Tragstangen ein drittes Gewehr (Metallscheide, Stock) durch.

Auch kann versucht werden, je zwei Gewehre zu einer einzigen Tragstange zu verbinden. Man entfernt deren Tragbänder und zieht durch den obersten metallenen Tragbandhalter jedes Gewehres einen kleinen Riemen (Fig. 56, Taf. IV), welchen man, wie die Figur zeigt, um das andere Gewehr in der Nähe von dessen Mündung herumführt und festschnallt. Um das Abrutschen der Riemen zu verhindern, zieht man durch beide einen dritten Riemen oder einen starken Faden, welcher festgeknotet wird (Fig. 57, Taf. IV).

Ein Leichtverwundeter kann von zwei Helfern auf einem Gewehr transportirt werden. Die Helfer stellen sich neben einander auf und jeder derselben ergreift das Gewehr mit beiden nach vorn herabhängenden Händen; in der Mitte zwischen den Helfern wird der Kranke auf das Gewehr gesetzt und umschlingt mit seinen Armen die Nacken der Helfer.

Wenn ein Leichtverwundeter auf einem Pferde transportirt werden soll, und es mangelt an Sätteln, so stellt man aus einer Decke oder einem Kleidungsstück einen Polstersitz, möglichst faltenlos, her und fertigt Steigbügel aus Riemen oder Stricken, welche an den Pferdegurt befestigt werden. Ein Gurt ist vorausgesetzt; ohne denselben würde die Improvisation eines Sattels oder Sitzes a priori nicht möglich sein (Fig. 58, Taf. IV). aa stellt den Gurt dar, bei b in der Mitte des Pferderückens aufliegend; durch die Mitte des Gurtes bei b und durch die Steigbügelriemen wird ein Loch gestochen und durch dasselbe ein Bindfaden geführt zur Befestigung der Riemen. Der Knoten wird auf dem Gurt oder am Rande desselben geschlungen. Der Bindfaden darf nicht zu dick sein, um den Verwundeten nicht zu geniren. Die Steigbügelriemen sind so zu arrangiren, dass Schnallen und Verknotungen den Umbiegungsstellen m und n möglichst nahe liegen.

Für Schwerverwundete wird ein Sattel hergestellt, bei welchem der Patient beide Beine an einer Seite des Pferdes herunterhängen lässt. Hierzu eignet sich z. B. ein Stuhl, von welchem man die Beine bis auf kleine Stümpfe abschlägt. Um die Stümpfe werden Riemen oder Fäden geschlungen, welche am Pferdegurt straff befestigt werden (Fig. 59, Taf IV). aa Gurt. — Fig. 60, Taf. IV, zeigt die praktische und schnell ausführbare Befestigung von Riemen an einander: m, n, zwei Riemen; o Loch, durch beide Riemen gehend; p Loch, durch den Riemen m gehend; rr dünner Faden durch die Löcher geführt, fest angezogen und geknotet. — Der um den Körper des Pferdes zu führende Gurt aa wird durch Ansetzen eines zweiten Gurttheiles verlängert werden müssen. Zur Bequemlichkeit für den Verwundeten befestigt man an Stuhl oder Gurt eine herabhängende

Schlinge, oder deren zwei, als Stützpunkt für die Füsse. Nöthigenfalls wird der Verwundete auf diesem Stuhle festgebunden. — Wenn der Sitz nach rechts oder links schwankt, wird durch untergestopftes weiches Material eine relative Stabilität desselben hergestellt werden können.

Einen solchen Sitz aus Brettern, Holzstücken oder Baumzweigen zu construiren, wird mit Hülfe von Nägeln zu versuchen sein. Man nagelt zuerst einen Sitz zusammen (Fig. 61, a und b, Taf. V).

Auf das Holzstück mn wird die Lehne aufgenagelt (Fig. 62, Taf. V). Um die Lehne in ihrer Befestigung zu verstärken, wird in den Winkel zwischen ihr und dem Sitz noch ein Holzstück eingesetzt und mit beiden Theilen fest verbunden, oder man führt von den Ecken a und c Stricke nach b und d, welche straff angezogen werden.

Stellt man den ganzen Sitz aus Zweigen her, so glättet man die Stellen ab, welche auf einander zu liegen kommen, so dass sich dieselben flächenhaft berühren. Durch Zusammenbinden mit Fäden an den Kreuzungsstellen der Zweige, welche auf einander genagelt sind, müssen die Verbindungen nach Kräften verstärkt werden. Fig. 63, Taf. IV, zeigt einen aus Zweigen zusammengenagelten Sitz. Zu bemerken ist, dass diejenigen Nägel, welche sich in demselben Holzstück rechtwinklig kreuzen, sich thunlichst wenig nahe kommen müssen (Fig. 63 a, Taf. V).

Noch einfacher können solche Sitze aus Kisten, Kästen oder Koffern hergestellt werden, welche bei den Traincolonnen oder in Ortschaften zu haben sein werden. Man nimmt den Deckel weg und schlägt eine Langseite heraus (Fig. 64, Taf. V). Bei a schlägt man ein Loch ein zum Durchführen des Pferdegurtes, welches natürlich auch bei den aus Brettern gezimmerten Sitzen nicht fehlen darf. Die Befestigung am Gurte und auf dem Pferde ist dieselbe, wie bei dem Stuhl angegeben wurde.

Starke Pferde, sowie Kameele können mit Vorrichtungen zum Tragen zweier Verwundeter versehen werden. Man befestigt an jeder Seite des Tragthieres einen Stuhl oder einen wie beschrieben präparirten Kasten, so dass die Verwundeten einander den Rücken zukehren, wenn sie Platz genommen haben (Fig. 65, Taf. V). Die Befestigung wird bewerkstelligt mittelst starker Seile oder Gurte, deren wenigstens zwei, an jeder Stuhlseite einer, angebracht werden müssen, um das Kippen des Stuhles nach rechts und links unmöglich zu machen.

Die Anheftungsstelle des Strickes an den Stuhl muss so gewählt werden, dass dieselbe über dem Schwerpunkte des den Verwundeten tragenden Sitzes gelegen ist. Das Sitzbrett muss möglichst hoch oben am Tragthier zu liegen kommen und horizontal oder wenig nach dem Tragthier zugeneigt stehen. Damit das Tragthier geschont wird und möglichst lange leistungsfähig bleibt, schnallt man unter die die Sitze verbindenden Seile einen Sattel oder ähnlichen soliden Körper, mit welchem die Seile in der Mitte fest zu verbinden sind. Die Holztheile, welche mit dem Fell des Tragthieres in Berührung kommen, sind durch Umbinden weicher Körper zu polstern.

Hat man genügend grosse Decken (Pferdedecken) zur Verfügung, so versieht man jeden Sitz mit einer Umhüllung für den Unterkörper des Verwundeten. Zwei an einer kurzen Seite liegende Zipfel der Decke werden mit früher bereits beschriebenen Schlingen, die beiden anderen Zipfel mit einem frei hängenden Strick versehen (Fig. 66, Taf. V). Diese Decke wird so auf den Sitz gelegt, dass die Seite *ab* der oberen Kante der Lehne anliegt und die Seite *cd* herunterhängt (Fig. 67, Taf. V); nachdem der Verwundete hinaufgesetzt worden ist, klappt man die Seite *cd* nach oben über den Körper des Letzteren, zieht die Stricke bei *c* und *d* unter den Armen des Kranken weg durch die Schlingen bei *a* und *b* und bindet dieselben am Sattel fest. Der Verwundete hat nun einen Stützpunkt für die Füsse, einen relativen Schutz gegen Kälte und Nässe, wenigstens für seinen Unterkörper, und kann auch weniger leicht von seinem Sitze herabrutschen.

Ist die Herstellung eines Sitzes unmöglich aus Mangel an Material, oder Zeit, oder wenn Schwerverwundete nicht sitzend transportirt werden können, so bringt man am Tragthiere Vorrichtungen an, welche dem Kranken die Rückenlage gestatten. An jeder Seite des Tragthieres (Pferdes) wird eine lange, unbiegsame Stange angebracht, und zwar in horizontaler Lage, nur wenig tiefer, als der Rücken des Pferdes, ihr Schwerpunkt (Mitte) in gleicher Vertikalebene mit dem Sattelgurt oder ein Wenig hinter demselben. Von ihrer Mitte laufen ein bis zwei Riemen über den Sattel (Fig. 68, Taf. V) *a* und *b*, an diesem befestigt, nach den correspondirenden Stellen der zweiten Stange; je ein Riemen (oder Leine) geht vom vorderen und hinteren Sattelbock aus, um an weiter nach vorn und hinten liegenden Stellen der Stange befestigt zu werden, *c* und *d*. Zwei weitere Leinen laufen von einer unterhalb der Stange liegenden Stelle des Sattelgurtes nach der Stange. *e* und *f*. Trägt das Pferd Vorderzeug, so kann man noch eine Leine von demselben nach dem vorderen Ende der Stange laufen lassen. *g*. Die Befestigungsstellen werden, wo nöthig, gesichert durch Einkerbungen der Stange und durch Bindfadenstücke, welche durch die Einkerbungen und durch in die Riemen gestochene Löcher gezogen werden. Verwendet man keine Riemen, sondern Leinen, so schlingt man deren Enden zu Knoten zusammen und bindet dicht oberhalb der Knoten die Bindfäden um (Fig. 69, Taf. V). Fehlt ein Sattel, so legt man die Befestigungsriemen der Stange, am besten breite Ledergurte, quer über das Pferd (Fig. 70, Taf. V). Polsterungen der dem Fell des Pferdes aufliegenden Theile sind in möglichster Ausdehnung anzubringen.

Der Verwundete wird nun auf eine Decke gelegt, und die Langseiten der letzteren über ihm zusammengeschlagen, so dass sie mit ihren Kanten einander berühren. Diese Kanten werden der Stange angelegt; hierauf werden Gurte, Riemen oder Stricke um Decke und Stange herumgezogen, und auf diese Weise wird die Decke an der Stange aufgehängt. Hat man lange Leinen zu verwenden, so bindet man das eine Ende einer solchen vorn an der Stange fest und schlägt dieselbe in korkzieherartigen Windungen von vorn nach hinten um Stange und Decke herum (Fig. 71 und 72, Taf. V).

Sind genügend lange und breite Bretter zur Hand, so legt man dieselben an der Umbiegungsstelle der Decke zwischen diese und die Leinen, wodurch die bequemere Lagerung des Verwundeten erzielt wird. Das Brett muss, um nicht seitlich nach innen oder aussen auszuweichen, an wenigstens zwei Stellen mit den Leinenwindungen fest verbunden werden, was erreicht wird, indem man einen Bindfaden fest um das Brett legt, eventuell an den Kanten durch Einkerbungen laufen lässt, welcher dann fest um die Leine geschlungen und geknotet wird. Das Brett wird mit Kleidungsstücken u. s. w. gepolstert. Ist kein Brett vorhanden, so müssen die Leinen oder Gurte mit Polstern belegt werden. Im letzteren Falle ist ausserdem darauf Rücksicht zu nehmen, dass die unteren Umbiegungsstellen der Leinen folgenden Körpertheilen des Verwundeten entsprechen: Mitte des Hinterkopfes, Schulterblätter, Gesäss, Mitte des Oberschenkels, Mitte der Wade. Bei längeren Transporten kann man in die Decke, dem Gesicht des Verwundeten entsprechend, ein nach oben klappendes Fenster von etwa 25 cm Breite einschneiden, durch welches der Verwundete Aussicht in das Freie hat und Erfrischungen empfangen kann.

Decken können aus Kleidungsstücken (Röcken, Mänteln) improvisirt werden. Man legt die ausgebreiteten Röcke neben einander (Fig. 73, Taf. V), schneidet die Knöpfe ab und biegt die an einander liegenden Kanten etwas nach oben um (Fig. 74, Taf. V), um dieselben zusammenzunähen. Fehlt es an Nähzeug, so sticht man Löcher quer durch beide Kanten, etwa 10 cm von einander entfernt, zieht durch je zwei einander entsprechende Löcher einen kurzen Faden und knüpft dessen Enden oberhalb der Kanten zusammen (Fig. 75, Taf. V).

Im Nothfalle verwendet man Körbe (Untertheile von Schanzkörben), Fässer, Kästen u. dergl., in welchen der Verwundete, so gut es gehen will, Platz nimmt, und hängt zwei derselben quer über ein Pferd (Fig. 76, Taf. VI).

Zum Transport von Personen dienende Fuhrwerke (Droschken, Equipagen, Omnibusse), sind oft ohne besondere Vorrichtungen ohne Weiteres tauglich zum Transport für Verwundete. Die kleineren Exemplare dieser Wagengattungen müssen jedoch für Schwerverletzte besonders eingerichtet werden. Man könnte, wenn man viersitzige Wagen hat, einen Verwundeten auf dem Vordersitz, einen zweiten auf dem Rücksitz, und einen dritten auf dem Boden des Fuhrwerkes so placiren, dass die Kranken in halbliegender und halbsitzender Stellung, durch weiches Material gestützt, sich leidlich angenehm befinden; doch riskirt man dann, besonders im coupirten Terrain, dass einer der beiden Ersteren von seinem Lager gelegentlich herab und auf seinen inmitten liegenden Leidensgefährten fällt. Wo solche Wagen zur Verfügung stehen, finden sich wohl auch Bretter oder Gegenstände, denen sich Bretter entnehmen lassen. Man kann nun quer über die Sitze Bretter (sind abnehmbare Polster vorhanden, unter dieselben) legen. Die dadurch entstehende Fläche, welche nur um die Dicke der Bretter höher liegt, als die ursprünglichen Sitze, bietet Platz für drei neben einander liegende Verwundete, wenn sich dieselben auch vielleicht nicht völlig ausstrecken können; sie werden so gelagert, dass die Füsse des in der Mitte liegenden auf die entgegengesetzte Seite kommen, wie die Füsse seiner beiden Nachbarn. Können die erforderlichen Bretter nicht beschafft werden, so wird man versuchen müssen, die Sitze gänzlich aus dem Wagen zu entfernen und die Verwundeten auf dem Boden desselben unterzubringen. Bei muschelförmig nach hinten und vorn aufsteigendem Wagenboden richtet man ein ebenes Lager ein durch Ausfüllung der Vertiefung in der Mitte mit Stroh, Kleidungsstücken, Decken oder Laub. Als Kopfkissen verwendet man Infanterietornister, welche derart mit weichem Material ausgestopft werden, dass der Boden und besonders die Eckräume des Tornisters (*bb* Fig. 77. Taf. VI) viel Füllungsmaterial enthalten, während nach oben zu lockerer gestopft wird; so entsteht ein Keilkissen. Gleichmässig gestopfte Tornister gewähren dem Nacken des Verwundeten keinen Halt.

Die zweckmässigsten Wagen zum Transport für Verwundete (abgesehen von den für diesen Zweck ausdrücklich bestimmten) sind die Omnibusse, welche den Eingang an der Rückwand haben und deren Bänke rechtwinklig zur Achse der Räder laufen, sie fassen eine grössere Anzahl von Verwundeten und erleichtern die Evacuation somit sehr. Man kann dieselben ebenso, wie Equipagen, mit quer über die Sitze gelegten Brettern ausrüsten.

Von denjenigen Wagen, welche ursprünglich nicht zum Transport für Personen bestimmt sind, eignen sich zur Verwendung auf dem Schlachtfelde besser die mit grossen, als mit kleinen Rädern, weil dieselben Terrainschwierigkeiten leichter überwinden und den Insassen weniger durch Stossen fühlbar machen. — Eigenschaften, welche mit Rücksicht auf das persönliche Wohlbefinden und den körperlichen Zustand der Verwundeten hoch anzuschlagen sind. Allerdings wird man auf dem Schlachtfelde nicht immer in der Lage sein, unter verschiedenen Wagensorten Auswahl treffen zu können, sondern das Erscheinen auch des primitivsten Fuhrwerkes freudig begrüssen; tritt jedoch die Gelegenheit an den Helfer heran, Wagen mit kleinen Rädern gegen solche mit grösseren zu vertauschen, so darf er sich dieselbe nicht entgehen lassen.

Die nicht der Armee selbst zugehörigen Fuhrwerke, welche in Schlachten europäischer Armeen den Helfern zunächst zugänglich sein werden, sind landwirthschaftliche Wagen, gewöhnlich mit rechteckigem Boden, welcher an beiden Seiten nach Aussen geneigte Leitern trägt, wie sie zum Transport von Getreide, Heu und Stroh verwendet werden. Wenn die Leitersprossen weite Zwischenräume zwischen sich lassen, so werden diese durch Anbringen von Brettern ausgefüllt. Fehlen Letztere, so benutzt man Baumzweige, womöglich junge, elastische, fingerdicke Stämmchen (Weiden), mittelst welcher eine Art von Flechtwerk hergestellt werden kann. Jedes Stämmchen muss etwas länger sein, als der doppelte Abstand der Leitersprossen von einander, damit er über eine Sprosse und unter die beiden seitlich von derselben gelegenen Sprossen greifen kann (Fig. 78, Taf. VI), oder umgekehrt. Um das Abrutschen zu verhindern, bindet man die Stämmchen oder Zweige an den Leitersprossen fest. Wenn die Zwischenräume zwischen den Sprossen sehr gross sind, so improvisirt man Zwischensprossen aus Zweigen, welche festzubinden sind und ausserdem durch die quer laufenden eingeflochtenen Aeste an die Leiterbäume angedrückt und so festgehalten werden (Fig. 79, Taf. VI). Das Festbinden geschieht an den Kreuzungsstellen (Fig. 80, Taf. VI).

Die Rauhheit der Rinde gewährt den Fäden Halt; sonst kerbt man die Zweige da, wo die Fäden aufliegen sollen, leicht ein.

Im Nothfalle füllt man die Zwischenräume der Sprossen mit Riemen oder Stricken aus (Fig. 81, Taf. VI).

Zwischen die Leitern wird hierauf weiches Material (Stroh) eingefüllt, und zwar bis zu solcher Höhe, dass ein quer in den Wagen gebetteter Verwundeter liegen, oder, wenn bei schmalem Boden des Wagens die Füllung allzu hoch werden würde, in halb sitzender Stellung ruhen kann. Die Füllung ist gehörig festzudrücken, damit die Verwundeten nicht allzu tief in dieselbe einsinken, und womöglich mit Decken und Mänteln zu belegen. Die am schwersten Verwundeten kommen in die Mitte des Wagens zu liegen, weil dort die Stösse des Wagens beim Fahren weniger fühlbar werden. Die Füsse des Verwundeten erhalten einen mit Stroh gepolsterten Gegenhalt.

Bei Sonnenbrand, nassem, windigem und kaltem Wetter versucht man die Improvisirung einer Ueberdachung des Wagens. Bietet das Terrain lange, elastische Zweige oder Stämmchen, so biegt man dieselben halbkreisförmig und bindet oder nagelt dieselben an den seitlichen Wänden oder Leitern des Wagens fest (Fig. 82, Taf. VI). Die Stämmchen biegen sich leichter, wenn man sie durch einen Längsschnitt halbirt; beim Biegen kommt die Schnittfläche nach innen zu liegen, die Rindenfläche nach Aussen. Das Spalten beginnt man am dickeren Ende des Stämmchens (dem unteren). Ueber die so hergestellten Bogen, deren man drei bis sechs anzubringen hat, breitet man Decken, Zeltleinen, Mäntel, welches Material eventuell an den Bogen festgebunden werden muss. — Verbietet sich das Herstellen von Bogen, so errichtet man ein Dachgerippe von geraden Stäben. Man sucht sich zwei Bäumchen oder Zweige mit einer Astgabel zu verschaffen und befestigt diese vorn und hinten am Wagen mit Seilen (Fig 83, Taf. VI). In beide Gabeln wird eine lange Stange gelegt, und über das so entstehende Gerüst das Schutzdach gebreitet, welches nun auf *ab, cd* und *ef* ruht. Besteht dasselbe aus schweren Stoffen, welche noch mehr unterstützt werden müssen, so schaltet man durch Festbinden schräg laufende Stäbe ein (*mn* in Fig. 84, Taf. VI). Die Haltbarkeit des Dachgerippes wird erhöht, wenn die letzteren Stäbe eine Astgabel besitzen, wie in Fig. 85, Taf. VI, welche in die Stange *cd* eingehakt werden kann.

Eine andere Form des Dachgerippes wird hergestellt, indem einigermassen biegsame Bäumchen an die Leitersprossen angebunden werden, wie in Fig. 86, Taf. VI. An die oberen Enden der Bäumchen werden Stricke geknüpft, welche je zwei der Stämmchen mit einander verbinden und deren Spitzen möglichst nach innen ziehen (Fig. 87, Taf. VI). Zum Schutze gegen Sonnenglut kann man die letztbeschriebene Construction aus belaubten Zweigen oder Bäumchen herstellen und etwa entstehende Lücken durch Einbinden von kleineren belaubten Zweigen ausfüllen, wodurch zugleich dem Entstehen allzugrosser Hitze im Wagen vorgebeugt wird, was unter einem Schutzdach von Zeltleinwand u. dergl. nicht immer erreicht werden kann.

Kastenwagen mit vertikalen Wänden können nach vorgenommener Auspolsterung unpräparirt verwendet werden. Das Ueberdachen derselben macht kaum besondere Vorarbeiten nöthig.

Sind Fuhrwerke schwierig aufzutreiben, so ist es manchmal möglich, aus einzelnen Wagentheilen ein ganz brauchbares Gefährt zu improvisiren. Hierbei kommen allerdings schon complicirtere Arbeiten in Frage; doch wird es sicherlich zuweilen der Mühe lohnen, die nöthige Zeit zu opfern, z. B. über Nacht, wenn der Transport selbst erst bei Tagesanbruch beginnen kann.

Es kann vorkommen, dass einem vierrädrigen Wagen ein Rad fehlt und man kein passendes Rad oder Räderpaar als Ersatz auftreiben kann. Man ersetzt das fehlende dann durch eine Schleife, gefertigt aus einem stärkeren Baum, einer Wachendeichsel, einem dicken Brettstück oder auch aus zusammengebundenen dünneren Holzstücken, z. B. einem Bündel Zweige. Der Wagen wird aufgerichtet, so dass die Radachsen horizontal stehen, und der Schleifbaum so unter die Achse des fehlenden Rades und an dessen Stelle gebracht, dass er mit dem Boden einen Winkel von 45 Grad oder weniger bildet; dieser Winkel ist nach vorn (nach der Deichsel zu) offen. Betrachten wir beispielsweise das Fehlen des rechten Hinterrades (Fig. 88, Taf. VI). In dieser Lage wird der Baum durch Ketten,

Seile oder starke Riemen fixirt, zuvörderst an der Radachse; die Kette a läuft von dem Baume nach einem Punkte des Wagens, welcher der linken Seite des letzteren näher liegt, als der Baum selbst; die Kette b stellt das obere Ende des Baumes nach oben fest, wobei der Punkt p möglichst in einer Vertikalebene mit dem Baume liegen soll; die Ketten cc laufen vom Baume wiederum mehr nach links. Die Aenderungen dieser Construction bezüglich der Anordnung der Ketten ergeben sich aus den Verhältnissen des zu benutzenden Wagens.

Es ist zweckmässiger, ein fehlendes Hinterrad durch eine solche Schleife zu ersetzen, als ein Vorderrad, weshalb man, wenn drei gleich grosse Räder vorhanden sind, zwei davon für die vordere Achse verwendet. Wenn der Schleifbaum eins der Vorderräder ersetzt, so führt dies zu mancherlei Schwierigkeiten und Unzuträglichkeiten, z. B. bei Wendungen des Wagens. Doch wird man es immerhin vorziehen müssen, den Schleifbaum vorn anzubringen, als ein und derselben Achse zwei Räder von ungleichem Durchmesser anzufügen. Im Nothfalle versucht man, zwei ungleiche Räder, statt sie an einer Achse zu befestigen, an zwei Achsen laufen zu lassen (Fig. 89, Taf. VI). Allerdings muss man in diesem Falle Gelegenheit haben, die beiden Achsen durch Ketten u. s. w. fest und unbeweglich mit einander zu verbinden.

Im Besitze von Rädern, welche einem zerbrochenen Wagen entnommen sind, muss versucht werden, aus den Trümmern und anderem Material ein Gefährt zu improvisiren. Achsen werden construirt aus Baumstämmen, Wagendeichseln, Pfählen. Fehlen drehrunde Hölzer, welche möglichst dicht in das Radloch passen und ohne Weiteres als Achsen verwendbar sind, so kann man das genannte Material in primitiver Weise mit Faschinenmessern behauen (Fig. 90, Taf. VI).

Soweit nicht die Terrainverhältnisse es verbieten, muss die Achse so lang als möglich gefertigt werden, damit ein recht breiter Wagen erzielt wird. Bevor die Räder aufgesetzt werden, umwickelt man die Achse bei a mit Riemen oder Fäden, oder man nagelt ein Holzklötzchen auf, so dass ein Wulst entsteht, welcher dem Rade das Ausweichen nach innen verbietet. Diese Arbeit kann unterbleiben, wenn die Vertikalflächen bb genügend glatt behauen werden konnten, und darf selbstverständlich nicht fehlen, wenn eine cylindrische Achse zur Verwendung gelangt, welche nicht behauen wurde, sondern in die Radlöcher unverarbeitet passte. Nachdem man das Rad aufgesetzt hat, umwickelt man das Ende der Achse, damit das Rad nicht abgleitet; Einkerbungen, welche den Umwickelungsringen Halt gewähren, sind unentbehrlich. Noch zweckmässiger ist das Einschlagen grosser Nägel (Fig. 91, Taf. VI), vielleicht auch zugleich mit Anbringung der Wulst. Der Nagel muss nach oben und unten in gleicher Länge aus der Achse ragen und sein Kopf darf von dem sich drehenden Rade nicht berührt werden. Nöthigenfalls wird der Kopf nach aussen umgebogen. — Als Hammer dient eventuell ein faustgrosser Feldstein. Statt der Nägel können Holzpflöcke verwendet werden. Achsen von frischem Holze spaltet man an ihren Enden vorsichtig ein, klemmt einen Pflock in den Spalt (Fig. 92, Taf. VII) und umwickelt den Theil ab der Achse fest mit Fäden, wenn man nicht ein Loch für den Pflock durch die Achse bohren kann. Zum Festhalten des Pflockes umwickelt man ihn und die Achse mit einem Strick in Achtertouren.

Die Stellen der Achsen, auf welchen die Räder laufen, werden reichlich mit Fett oder Oel geschmiert.

Nun treibt man durch die Mitte der Vorderachse entweder einen eisernen Nagel, welcher aus derselben 15 bis 20 cm nach oben hervorragt, oder man durchbohrt die Achse und schlägt einen eisernen Pflock ein, oder einen solchen von festem Holze. Hat das Bohrloch einen grösseren Durchmesser als der Pflock, so füllt man den Zwischenraum durch Einschlagen kleiner Holztheile aus, die von beiden Seiten einzuführen sind (Fig. 93, Taf. VII). Ist die Bohrung eines Loches nicht ausführbar, so muss der Pflock an der Seite der Achse angenagelt werden, zu welchem Zwecke die Berührungsstellen von Achse und Pflock etwas zu glätten sind (Fig. 94, Taf. VII). Die Verbindung wird gefestigt, indem man um Pflock und Achse einen Strick in Achtertouren windet (Fig. 95, Taf. VII). Hierauf nagelt man zwei Stangen auf die Hinterachse auf und festigt die Kreuzungsstellen (a und b, Fig. 96) von Achse und Stangen durch kreuzweis umgewickelte Bänder. Quer über die Stangen vor der Vorderachse wird ein Holzstück oder Baumzweig, am besten ein Brett, welches in der Mitte der hinteren Kante eine Einkerbung erhält (c, Fig. 96, Taf. VII), genagelt. In diese Einkerbung passt der Nagel oder Pflock in der Mitte der Vorderachse, wenn letztere nach vorn gezogen wird. Das Ausweichen der Vorderachse nach hinten wird verhindert durch ein quer vor die Einkerbung genageltes Pflöckchen (Fig. 97, Taf. VII) oder durch eine Schlinge aus Tauwerk (Fig. 98, Taf. VII).

Auf diese Weise kann man ein Wagengestell improvisiren, dessen

Vorderachse gelenkig mit dem Aufsatze verbunden ist. In Terrain, wo der Wagen beim Wenden grosse Kurven beschreiben kann (flache Ebene), oder wenn Zeit und Material zur Herstellung des Vorderachsengelenkes mangeln, nagelt man die Stangen auch auf die Vorderachsen fest auf. Wagen der letzteren Construction sind unbequem für Kutscher und Insassen, stossen sehr und sind gegenüber den mit Gelenk versehenen als weniger fest und zuverlässig zu betrachten. Deshalb ist es zweckmässig, zu versuchen, ob die Befestigung der Stangen auf den Achsen durch Festbinden vermittelt werden kann. Man kerbt an den Berührungsstellen jede Achse und jede Stange leicht ein, die Stangen wie in Fig. 99, Taf. VII, und legt an den vier Berührungsstellen je eine Kette, ein Tau oder einen Gurt mit einem Ende um die Stange, mit dem andern um die Achse fest. Das Stück der Kette zwischen Achse und Stange muss so lang sein, dass letztere auf der ersteren kleine Excursionen nach allen Richtungen hin machen kann. — Es ist dafür zu sorgen, dass die Achsen sich nicht zugleich mit den Rädern drehen, was leicht erreicht wird, indem die die Achse umschliessende Kette an einer Stelle (durch einen Nagel) völlig unbeweglich mit derselben verbunden wird.

Man kann ein primitives Gelenk auch herstellen, indem man eine Kette mit einem Ende um die Mitte der Vorderachse legt, sodass die letztere sich nicht in der Kette drehen kann, und das andere Ende um die Mitte des die vorderen Enden der Stangen verbindenden Brettes (oder des Zweiges) legt (Fig. 100, Taf. VII).

Zu beachten ist, dass bei Herstellung eines Gelenkes die vorderen Stangenenden so weit über die Vorderachse hinausragen müssen, dass bei Wendungen des Wagens die Stangen nicht nach hinten von der Achse herabrutschen können (aa), d. h. bei Wendungen nach rechts die linke Achse, und umgekehrt.

Die Deichsel, zu welcher eine Stange oder ein junger Baum verwendet werden kann, wird mit der Vorderachse unbeweglich verbunden, wenn auf letzterer der Wagen in seinem Gelenke ruht; die ist an die untere Seite der Achse im rechten Winkel angefügt. Fehlen grosse Nägel oder eiserne Klammern zur Befestigung, so benutzt man ein starkes Tau oder eine Kette (Fig. 101, Taf. VII).

Um die Verbindung zu einer möglichst unbeweglichen zu machen, führt man von zwei Stellen der Achse, welche nach rechts und links von der Mitte möglichst weit nach aussen liegen, je zwei starke Stricke nach der Deichsel nach vorn und hinten (Fig. 102, Taf. VII).

Die Befestigungspunkte der Stricke werden auf Achse und Deichsel in Kerben gelegt. Auf der Achse sind die Kerben oben, auf der Deichsel seitlich am tiefsten einzuschneiden.

Wenn die Vorderachse unbeweglich mit dem Wagengestell verbunden werden muss, so ist es zweckmässig, der Deichsel einen gewissen Grad von Beweglichkeit an der Achse zu belassen.

Die kurzen Stangen, an welche die Stränge der Pferde gespannt werden, müssen so lang sein, dass die Stränge vom Pferde nach der Stange zu divergiren. Soll nur ein Pferd vorgespannt werden, so wird die Stange in ihrer Mitte auf der Deichsel in ähnlicher Weise befestigt, wie die Deichsel an der Vorderachse. Hat man zwei Pferde zur Verfügung, so wird jede Stange mit ihrer Mitte an dem Ende einer etwas längeren Stange beweglich befestigt, welche mit ihrer Mitte an der Deichsel festgemacht wurde (Fig. 103, Taf. VII).

Pferdegeschirre setzt man aus Gurten und Stricken zusammen (Fig. 104, Taf. VII). Hat man nur Stricke (Fouragierleinen), so werden diese dick und glatt überall da, wo sie dem Pferde aufliegen, mit Tuchstücken umwickelt, damit die Stricke nicht einschneiden.

Auf den Rahmen des Wagens werden entweder Bretter querüber genagelt oder auch gebunden (Fig. 105, Taf VII), oder man nagelt oder bindet über die Stangen Zweige, Seile, Gurte, Decken. Auf das so improvisirte Gestell kommt ein Polster von Stroh oder ähnlichem Material. —

Ein einzelnes Räderpaar kann ebenfalls nützlich verwendet werden. Man construirt, wie angegeben, eine Achse und eine Deichsel (Fig. 106 a, Taf. VII), und befestigt auf diesem Gestell eine improvisirte Tragbahre, eine Thür u. s. w. (Fig. 106 b). Mit diesem primitiven Gefährt ist ein Helfer im Stande, einen, vielleicht auch zwei Schwerverwundete weite Strecken zu transportiren. In ähnlicher Weise werden etwa aufzutreibende zweirädrige Karren hergerichtet und verwendet.

Wenn vorhandene Wagen sich ihrer Bauart nach nicht als zweckmässig zum Transport für Verwundete erweisen, so nimmt man die Obertheile vom Rädergestell ab und improvisirt auf Letzterem einen zweckentsprechenden Aufsatz.

Liegt Schnee, so improvisirt man Schlitten oder Schleifen. Als Kufen dienen Bretter oder Stangen. Erstere werden behauen, wie Fig. 107, Taf. VIII, zeigt. Hat man nur dünnere Bretter, so befestigt man mehrere derselben auf resp. neben einander. Sind symmetrische Bretter nicht herzustellen, so wird das schmälere Brett so auf das breitere genagelt, dass die untere Kante dadurch verbreitert wird (Fig. 108, Taf. VIII). Zu schmale Kufen sinken zu tief in den Schnee ein und erschweren das Vorwärtskommen. Die untere Breite der Kufen soll 5 bis 10 cm betragen.

Müssen Stangen benutzt werden, so haut man deren vorderes Ende schräg ab und befestigt an den beiden schrägen Flächen ein Brett, welches verhindern soll, dass beim Fortbewegen der Schlitten durch Anstossen der Stange an kleine Hindernisse (Steine) aufgehalten wird (Fig. 109, Taf. VIII). Biegsame Stangen zu erhalten, wird im Winter nicht immer leicht sein; doch müsste immerhin versucht werden, einen jungen Baum am dünneren Ende umzubiegen und durch einen Strick gebogen zu erhalten (Fig. 110, Taf. VIII). Bei a ist der Baum einzukerben, damit der Strick bb nicht durchgerieben wird oder ein Hinderniss für die Bewegung der Kufe abgiebt.

Fehlen genügend lange Bretter oder Stangen, so kann der Schlitten auch auf zwei kurzen Kufenpaaren laufen (Fig. 111, Taf. VIII).

Auf die Kufen wird hinten und vorn ein Querholz genagelt (aa Fig. 112, Taf. VIII), auf diese kommen zwei längs laufende Stangen bb, wodurch man einen Rahmen erhält, wie bei dem improvisirten Wagen.

Wenn es an Zeit oder Material fehlt, um die beschriebene Construction herzustellen, so kann man sich allenfalls mit einer einfachen Schleife begnügen (Fig. 113, Taf. VIII).

Auf Kufen Querhölzer ohne Zuhülfenahme von Nägeln zu befestigen, ist schwierig, jedoch mit Hülfe von Stricken möglich. Man schneidet in die untere Kante der Kufen vertikal unter dem Querholze Kerben ein (Fig. 114, Taf. VIII) und zieht durch diese Kerbe zuerst den Strick m (Fig. 115, Taf. VIII), dann n. Hat man Werkzeuge, mit deren Hülfe die Kufen durchbohrt werden können, so zieht man die Fäden, statt durch die Kerbe, durch ein Loch 5 bis 10 cm oberhalb der unteren Kante der Kufe.

Zuweilen wird sich auf Fuhrwerken mit plattem Aufsatz die Improvisation einer Art von Geländer nöthig machen, um das Herabrutschen des Polstermaterials und auch der Verwundeten zu verhüten. Man construirt dasselbe aus Faschinenmessern oder Bajonetten (Fig. 116, Taf. VIII), deren man vier unweit der Ecken des Aufsatzes mit der Spitze einstösst und gehörig festhämmert, worauf man über ihre nach oben stehenden Theile Leinen zieht, welche an den Aufsatzecken oder in deren Nähe vorspringenden Theilen festgebunden werden, wie die Figur erläutert. (Fig 117. Taf. VIII. Ansicht von vorn beziehentlich von hinten). Jedes Messer wird so nach allen vier Seiten von gespannten Leinen festgehalten; das rechte vordere Messer z. B. von zwei schräg nach unten laufenden Leinen nach vorn und rechts, und von zwei horizontal laufenden Leinen nach links und hinten, wodurch die nöthige Festigkeit erzielt wird. Um Verwundungen durch geschliffene Waffen vorzubeugen, schlägt man die Schneiden auf Steinen stumpf und schartig und umwickelt die Klinge ausserdem noch mit Stroh oder Lappen; oder man lässt die Faschinenmesser in ihrer ledernen Scheide, von welcher unten ein Stück abgeschnitten wird, so dass nur die Spitze des Messers herausblickt. Um die gedeckte Klinge können zur Verstärkung des Geländers in halber Höhe noch weitere Leinen angebracht werden.

Der Transport der Verwundeten zu Wasser ist dem zu Lande vorzuziehen, wenn das in Frage stehende Gewässer keine Stromschnellen, sowie gehörige Tiefe und Breite besitzt und auch die Gefahr eines stürmisch bewegten Wasserspiegels ausgeschlossen ist, d. h. wenn man nicht Fahrzeuge besitzt, welche jedem Unwetter mit Erfolg trotzen können, oder jederzeit eine Landung bewerkstelligt werden kann. —

Gewöhnliche kleine Boote bis zu 2 Meter Breite sind nur für eine kleine Anzahl von Verwundeten mit Vortheil verwendbar, wenn nicht die Quantität der Boote und Rudermannschaften beträchtlich ist. Zur Bedienung des Bootes genügt bei ruhigem Wasser und langsamer Fortbewegung oft ein einziger Mann im Heck, ausgerüstet mit einem langen Ruder oder, bei flachem Wasser, mit einer Stange. In der Längsrichtung des Bootes müssen, wenn Schwerverwundete zu befördern sind, Bretter oder Stangen gelegt werden, welche auf den Ruderbänken ruhen und nöthigenfalls durch Tauwerk in ihrer Lage gehalten werden. Die entstehende Ebene wird zur Aufnahme der Verwundeten gepolstert. Boote ohne Bänke erhalten einfach eine Strohschicht auf dem Boden.

Kleine Boote können, um eine grössere Anzahl von Verwundeten, als die Boote selbst zu fassen im Stande sind, zu transportiren, zu zweien oder dreien durch Bretterlagen zu einem Floss verbunden werden. Die beiden Boote werden, parallel zu einander, die äussersten um etwa ihre eigene Länge von einander entfernt aufgestellt, und der Raum zwischen ihnen (Fig. 118. Taf. VIII) wird mit Brettern belegt, welche auf den Booten aufliegen. Die Bretter werden durch Taue mit den Bänken der Boote verbunden; die Taue werden an den Bänken da befestigt, wo dieselben in die Bootwand eingelassen sind und laufen nach oben aussen, wo sie in Kerben der Bretter eingebunden werden, wodurch ein seitliches Verschieben der letzteren verhindert wird. Um das Verschieben der Bretter von vorn nach hinten zu verhüten, laufen Taue vom Bug nach dem Heck des Bootes, welche jedes einzelne Brett umschlingen und über oder unter ihm verknotet werden. Einen weiteren Halt der Bretter liefern die zwischen ihnen hervorragenden hölzernen oder eisernen Pflöcke, welche zum Einlegen der Ruder bestimmt sind. — Die Befestigung ist nun eine solche, dass Boote und Bretter sich nur als Ganzes bewegen können. Jedes Boot erhält nun eine Leine am Bug, welche nach vorn läuft; diese Leinen werden genau vor der Mitte des Flosses mit einander verbunden, und am Verbindungspunkt greift ein Tau an, welches nach vorn läuft und als Bugsirleine dient. An letztere spannt sich ein mit Ruderern besetztes Boot, welches eventuell auch zwei hinter einander liegende Bootflosse zu ziehen im Stande ist (Fig. 119, Taf. VIII). Die Bretterlagen werden mit Stroh belegt und mit Geländern versehen, vielleicht auch mit Wetterdächern. **Zur grösseren Sicherheit können auch die Boote untereinander noch durch Taue verbunden werden.**

Auf einem solchen Bootfloss kann auf ruhigem Wasser (breiter, langsam fliessender Fluss, Landsee) eine längere Reise unternommen werden. Ein etwa disponibler kleiner Dampfer würde eine ganze Reihe solcher Bootflösse ziehen.

Als sehr bequem zum Transport von Verwundeten erweisen sich flache Kähne mit breitem Boden und geringem Tiefgang, wie sie in Hafenstädten zur Beförderung von Gütern von und nach den Seeschiffen in Gebrauch sind. Die Schiffer bewegen das Fahrzeug nur mit Bootshaken vorwärts und gehen und stehen hierbei auf dem breiten Bord des Kahnes, welcher keine Bänke enthält, so dass der ganze innere Raum frei bleibt für die Ladung.

Frachtschiffe, zur Fahrt auf grossen Flüssen oder der See bestimmt, eignen sich nicht wohl zum Transport für Verwundete; man müsste denn einen zeitraubenden und kostspieligen Ausbau des Raumes vornehmen, welchem der Name einer „Improvisation" nicht mehr beigelegt werden könnte, oder sich damit begnügen, in einem grossen Schiffe ohne Umgestaltung seines Inneren eine verhältnissmässig kleine Anzahl Verwundeter unterzubringen. Dagegen giebt ein

Personendampfer ein treffliches Lazarethschiff ab. Die Leichtverwundeten werden in die Kojen vertheilt, die Schwerverwundeten, welche breitere Lagerstätten nöthig haben, erhalten ihre Plätze in den Salons und anderen geräumigen Piecen des Schiffes, wo auf dem Fussboden Lagerstätten bereitet werden.

Bei gänzlichem Mangel geeigneter Fahrzeuge, und beim Vorhandensein brauchbarer Hölzer und starker Nägel oder vielen Tauwerks construire man ein Floss. Auf eine Lage langer und grader neben einander gelegter Baumstämme nagelt oder bindet man, rechtwinklig zur Richtung der Stämme, starke Bretter (Fig. 120, Taf. VIII). Je länger und breiter das so entstehende Floss sein kann, desto besser. An einzelnen Stellen werden, zur Verstärkung des ganzen, auf die Bretterlage Querbretter aufgenagelt. Das Floss ist am breitesten in der Längsrichtung der Stämme und schwimmt in derselben Richtung vorwärts beim Bugsiren. — Auf der See, auf schnellfliessenden Flüssen, überhaupt auf unruhigem Wasser ist ein solches Floss unbrauchbar; zur Verwendung kommt es auf grossen Flüssen und auf langen, schmalen Seen, um den Weg von einem Ufer zum anderen abzukürzen oder für die Verwundeten angenehmer und für die Helfer bequemer zu machen. Im seichten Wasser ist der Schlepper entbehrlich; das Floss kann mit Stangen fortgestossen werden. Flussabwärts kann das Floss der Strömung überlassen werden bei erfahrener Steuerung. Bei Flussübergängen (z. B. wenn die Brücken aus strategischen Gründen zerstört wurden) kann das Floss vielleicht von einem Ufer zum andern an Tauen oder Ketten gezogen werden, wobei auch eine stärkere Strömung überwunden wird.

Auf der Eisenbahn eignen sich zum Transport für Schwerverwundete am besten die Gepäckwagen, welche im Inneren kein Inventar besitzen. Man bedeckt deren Boden einfach mit weichem Material, auf welches die Verwundeten gelegt werden, oder man stellt die Tragbahren selbst in den Wagen. Man kann vielleicht auch aus den Personenwagen Polster herbeischaffen. — In den Personenwagen entfernt man etwaige feste Armlehnen über den Sitzen, um den Verwundeten das Liegen auf den Polsterbänken zu ermöglichen. Sind Bretter, Thüren oder ähnliche Dinge zu haben, so legt man dieselben quer über die Sitze der Coupés, wodurch man Raum für etwa drei Kranke in jedem Coupé (für acht sitzende Personen eingerichtet) gewinnt.

Zur Einrichtung eines Feldlazareths wählt man womöglich ein Gebäude, welches isolirt steht, hoch gelegen ist, grosse, luftige Räume besitzt und leicht mit Wasser versorgt werden kann. Im äussersten Nothfalle, d. h. wenn entweder gar keine oder nur solche Gebäude vorhanden sind, welche zur Aufnahme von Verwundeten und Kranken sich durchaus nicht eignen, wird zur Construction eines Gebäudes geschritten. In der heissen Zone, oder im Norden in der heissen Jahreszeit, genügen Zelte, deren Herstellung von der Qualität und Quantität des zu ihrem Bau vorhandenen Materials abhängt (Fig. 121 u. 122, Taf. IX). Wendet man das Zeltgerippe Fig. 122 an, so ist es bei Regenwetter nothwendig, noch zwei längere Stangen bei *mm* einzustossen, damit ein schräges Dach hergestellt wird.

Wenn es an Leinwand, Segeltuch oder Decken fehlt, welche zur Ueberkleidung des Zeltgerippes nothwendig sind, so muss zum Bau von primitiven Häusern (Baracken) geschritten werden. Hierzu sind Balken (Baumstämme) und Bretter nothwendig; auch die Nägel können nur mangelhaft durch Bänder u. dergl. ersetzt werden. — Der Raum für das Gebäude wird auf dem Boden abgegrenzt und planirt; ein rechteckiger Raum von sechs bis sieben Meter Länge und vier Meter Breite würde die geringsten Dimensionen desselben darstellen. In den vier Ecken des Raumes werden nun starke Pfähle eingerammt *aa* Fig. 123, Taf. IX. Eben solche Pfähle, welche schwächer sein können, finden ihren Platz zwischen den Pfählen *aa* an der Grenzlinie des Platzes (*bb*), deren Zahl sich nach der Ausdehnung des Raumes und auch nach der Länge der vorhandenen Bretter richten muss. Auf diese Pfähle, und zwar auf deren nach Aussen gerichtete Flächen, werden die Bretter genagelt, das unterste zuerst. Jedes Brett deckt womöglich das nächstuntere dachziegelartig (Fig. 124, Taf. IX). Die Balken der einen Langseite sind etwas länger, als die der anderen (Fig. 125, Taf. IX); quer über jedes Balkenpaar wird ein schwächerer Balken gelegt, *aa*; über diese Deckbalken werden Bretter in der Längsrichtung der Baracke, sich dachziegelförmig deckend, genagelt.

Wo die Balken sich nicht dachziegelförmig decken können, werden die Fugen mit Rasen, Laub oder Stroh verstopft oder mit nassem Thon oder Lehm verstrichen.

Wenn sich gedielte Fussböden nöthig machen, so legt man Balken im Inneren der Baracke dicht an den Wänden auf dem Boden fest und übernagelt sie mit Brettern (Fig. 126, Taf. IX). —

Die Thür legt man in die Mitte einer Langseite, wenn keine Fenster angebracht werden. Man lässt in der Wand einen Raum frei, der Breite der Thür entsprechend und von zwei vertikal stehenden Balken begrenzt, misst die Höhe der Thür ab und nagelt den von derselben oben nicht zu verschliessenden Raum mit Brettern zu. Die Thür wird aus Brettern zusammengenagelt (Fig. 127, Taf. IX). Als Angeln dienen starke Lederstreifen, welche dem einen Balken und den Querbrettern der Thür aufgenagelt werden. Der Raumersparniss wegen schlägt die Thür nach Aussen. Der Thürriegel besteht aus einem mit einem Loche versehenen Holzstück (Fig. 128, Taf. IX). Durch das Loch wird ein Nagel in die Thür geschlagen, um welchen sich der Riegel frei drehen kann. Damit der Riegel nicht vom Nagel abrutscht, wird der letztere vor dem Einschlagen in die Thür durch ein breites, flaches Holzstückchen geschlagen (Fig. 129, Taf. IX). Der Riegel ruht mit seinem über die Thür hinausstehenden Ende auf einem im rechten Winkel gebogenen Nagel oder in der Kerbe eines im Thürbalken steckenden Pflockes (Fig. 130, Taf. IX). Damit die Thür auch von Innen geöffnet werden kann, geht ein Faden vom Riegel aus durch ein über ihm in die Thür gebohrtes Loch, in dessen innen herabhängendes Ende ein Holzstückchen eingebunden ist, um das Durchschlüpfen nach Aussen zu verhindern. Fig. 131, a und b, Taf. IX, stellt den Riegel dar.

Als Fenster dienen Luken, die in ähnlicher Weise, wie die Thüröffnung, mit Klappen versehen werden.

Fehlende Bretter werden durch Baumstämme ersetzt. Letztere erhalten an jedem Ende einen Ausschnitt (Fig. 132, aa, Taf. IX), in welchen die Kanten der vertikalen Balken zu liegen kommen. Die Theile aa greifen über den Balken und werden auf demselben festgenagelt. Hierbei wird es nicht zu vermeiden sein, dass zwischen den einzelnen Stämmen hier und da grössere und kleinere Zwischenräume bleiben, durch welche Wind, Regen und Schnee ungehindert eindringen können. Bei kalter und nasser Witterung ist es deshalb zu empfehlen, auf die dem Inneren des Gebäudes zugekehrten Flächen der Balken noch eine zweite Lage von Stämmen zu nageln und so eine Doppelwand herzustellen, deren Zwischenräume mit Stroh, Laub, trockenem Sand oder Erdreich ausgefüllt werden können; blosses Verstopfen der Fugen ist statthaft, wenn es sich als genügend erweist. — Hängt man ausserdem vor Fenster- und Thüröffnungen von

Innen Portieren (Decken), so erhält man Wandungen, welche Witterungseinflüsse vom Inneren der Baracke völlig abhalten.

Die Stämme, welche man im Inneren der Baracke auf die Balken nagelt, kann man, bei grobem Füllmaterial des Zwischenraumes, alternirend anbringen, so dass erst ein Stamm der Längsseite, unter ihm ein Stamm der kurzen Seite der Baracke, unter diesem wieder ein Stamm der Längsseite, u. s. f. auf dem Balken befestigt wird (Fig. 133, Taf. X). Oder man bringt noch einen schwächeren Vertikalbalken (*a* Fig. 134, Taf. X) an, auf welchen die Stämme der kurzen Wand genagelt werden. — Muss man die alternirende Construction wählen, so giebt ausgestochener Rasen in grösseren Stücken mit dem an den Wurzeln haftenden Erdreich ein gutes Füllungsmaterial ab. — Bei der Wahl des Füllungsmateriales ist auf die Feuergefährlichkeit Rücksicht zu nehmen, je nach der Construction des in der Baracke etwa befindlichen Ofens oder der Beschaffenheit der Feuerstelle überhaupt.

Hat man gar keine weiteren Materialien zum Barackenbau zur Hand, als die Bäume des Waldes, so haut man in jeden Stamm, welchem man die zum Gebrauche für den einzelnen Fall nöthige Länge gegeben hat, eine Kerbe an jedem Ende ein (Fig. 135, *A*, Taf. X), welche zur Aufnahme eines rechtwinklig zur Länge des Stammes stehenden Baumes (*o*) bestimmt ist. Das Princip dieser primitiven Verbindung anwendend, kann man mit Hülfe einer Axt, zur Noth auch eines Faschinenmessers, ein Blockhaus aus Baumstämmen ohne Eisenwerk bauen. Man lasse die Eckpfeiler (*aa*, Fig. 135, *B*, Taf. X) drehrund und schiebe über diese von oben die Horizontalhölzer *bb*, eins nach dem anderen, bis der Raum zwischen *aa* von unten nach oben ausgefüllt ist und eine Wand entsteht.

Trefflichen Schutz gegen Kälte gewähren Strohdächer. Man bindet Langstroh oder Schilf am unteren, dickeren Ende zu Bündeln zusammen und befestigt dieselben in Reihen neben einander auf dem Dachgerippe, so dass, wie bei den Dachziegeln, die untere Reihe durch die nächstobere zum Theil gedeckt wird. Die Reihen der Bündel werden auf dünnen Querstangen festgebunden. Das Bretterdach kann hierbei fortfallen. Auf dem First bindet man die Köpfe der beiderseits obersten Reihen zusammen (Fig. 136, Taf. X), wenn man ein Dach mit zwei schräg nach unten Aussen abfallenden Flächen construirt hat.

Bei sehr starkem Frost kann an der Aussenseite der nach Norden und Osten gerichteten Barackenwände Erde aufgehäuft werden. Die Thür muss, um dies zu ermöglichen, an der Südseite angebracht sein (Fig. 137. Taf. X). Auch Schnee leistet gute Dienste. Oefen sind schwierig zu improvisiren. Gewöhnlich wird man sich damit begnügen müssen, eine Feuerstelle aus Erde und Steinen zu bauen, oder eine Oeffnung in der Diele zu lassen und das Feuer in einem in die Erde gegrabenen flachen Loche zu unterhalten. Wenn es, mit Rücksicht auf das leicht feuerfangende Baumaterial der Baracke, möglich ist, wird ein Ofen aus Steinen in einer Ecke des Gebäudes hergestellt. Die über ihm liegenden Stellen an den Wänden, welche von den Flammen erreicht werden können, müssen durch kleine Steinwände, deren Fugen mit Thon oder Lehm verstrichen sind, geschützt werden. Ueber dem Feuer bringt man, wenn der Rauch lästig wird, im Dache eine Oeffnung als Abzugsloch an, welche mittelst einer nach Aussen schlagenden Klappe geschlossen werden kann. Dieselbe wird mit Angeln, wie die Thür, versehen; zum Oeffnen und Offenhalten derselben bedient man sich eines Baumzweiges mit einer Astgabel (Fig. 138. Taf. X).

Wenn die Nothwendigkeit eintreten sollte, die Wände des Hauses nach Aussen zu stützen, so stemmt man gegen die zu stützenden Theile starke Stangen, welche in einem Winkel von etwa 45 Grad oder mehr (d. h. der Winkel, welchen die Stange mit der Wand bildet) nach aussen unten laufen und deren anderes Ende in die Erde gegraben wird. Damit die Stange nicht tiefer in die Erde bohrt, setzt man sie auf einen grösseren Stein auf, welcher mit eingegraben wird.

In Städten und Dörfern in der Nähe des Schlachtfeldes finden sich in civilisirten Gegenden stets geeignete Gebäude zum Unterbringen der Verwundeten. Man sucht die Einräumung öffentlicher oder grösserer Privatgebäude zu Lazarethzwecken zu erlangen. Diese enthalten gewöhnlich geräumige Zimmer und Säle, welche leicht ventilirt werden können und somit einen besseren Aufenthaltsort für die Verwundeten abgeben, als enge, dumpfige Zimmer kleinerer Privathäuser, und ausserdem eine grössere Anzahl von Verwundeten fassen, was den Aerzten und Helfern ihr Amt erleichtert und ihnen gestattet, grösseren Anforderungen an ihre Leistungen gerecht zu werden. Zu Lazarethen eignen sich vornehmlich Rathhäuser, Schulen, Kasernen, Turn- und Fechtsäle, Tanzsäle, Fabriken, Schlösser, auch Kirchen.

In Sälen werden die Lagerstätten so aufgestellt, dass zwischen je zwei Betten ein Raum von mindestens 120 cm frei bleibt; der Raum zwischen den Reihen soll wenigstens zwei Meter betragen. An den Langseiten des Sales können die Betten mit dem Kopfende bis dicht an die Wand geschoben werden.

Gewöhnlich fehlt es in den ersten Tagen nach einer grösseren Schlacht an Allem, was zur Einrichtung eines Lazarethes dient; man improvisirt deshalb zunächst Bettstellen, Matratzen, Kopfkissen und Decken. Die Bettstellen sind noch am leichtesten zu entbehren; man macht das Bett auf dem Fussboden zurecht. Indessen lassen sich aus Brettern, starken Stangen, Mobilien, mit leichter Mühe Bettstellen herstellen. Man stellt z. B. vier Stühle so auf, dass sie sich zu zweien gegenüber stehen, die Lehnen nach aussen, die Sitze nach innen gerichtet (Fig. 139, Taf. X). Die an einander stehenden Lehnen und Beine jedes Stuhlpaares werden mit einander durch Stricke verbunden. Auf die Sitze wird eine Thür gelegt und an die Stühle festgebunden: Angeln, Schloss, Klinke dienen als Angriffspunkte für die Stricke einerseits, die Winkel der Stuhlbeine und -sitze andrerseits. Soll diese Bettstelle Seitenwände erhalten, welche nach oben ragen, so schiebt man rechts und links an der Langseite je eine Stange durch die Lehnen und bindet sie fest, so dass sie nicht nach innen ausweichen können (Fig. 140, Taf. X), oder man hängt, wenn die Façon des Stuhles es erfordert, dieselben mit Stricken an den Lehnen auf (Fig. 141, Taf. X). In bestimmten Zwischenräumen befestigt man nun Stricke an der einen Stange und zieht dieselben straff unter der auf den Sitzen ruhenden Thür durch nach den correspondirenden Punkten der anderen Stange (Fig. 142, Taf. X). Man hat nun eine feste Bettstelle.

Aus Brettern, Stangen und Nägeln kann mit geringer Mühe eine Bettstelle improvisirt werden. Fig. 143, Taf. X, *A* und *B* erläutert die Construction des Seitentheiles, *C* die des Kopf- resp. Fusstheiles. Statt der vier vertikalen starken Stangen, welche nach Aussen mit glatten Flächen zum Aufnageln der Bretter versehen werden müssen, werden zweckmässiger viereckige Pfosten verwendet. Die Stangen *aa* dienen zum Auflegen für querlaufende kurze Bretter, auf welchen Matratze oder Strohsack ruht.

Strohsäcke improvisirt man aus zwei gleichgrossen rechteckigen Stücken beliebigen Zeugstoffes von mindestens 170 cm Länge und 100 cm Breite, welche man an den Kanten aufeinandernäht. Das eine Stück erhält in der Mitte einen Schlitz von 40 bis 50 cm Länge (Fig. 144, Taf. X), durch welchen der Zwischenraum fest mit Stroh oder Heu ausgestopft wird.

Kopfkissen können nach demselben Princip improvisirt werden. Zur Noth ersetzt man dieselben durch unter das Kopfende der Matratze geschobene Gegenstände, z. B. wenn die Matratze auf dem Fussboden liegen muss, durch einen umgekehrten Stuhl (Fig. 145, Taf. X). Wenn man einen Stuhl in der angegebenen Weise innerhalb einer Bettstelle placiren will, so wird man die Vorderbeine abbrechen müssen.

Soweit es möglich ist, erhält jeder Verwundete einen Tisch kleiner Gattung, welcher am Zweckmässigsten an der rechten Langseite des Bettes neben dem Kopfende seinen Platz findet; die Leichtverwundeten einen Stuhl. An der Wand unweit jedes Bettes ist eine Vorrichtung zum Aufhängen der Kleidungsstücke anzubringen (Einschlagen von Nägeln). Bei jedem Bette ist eine Tafel anzubringen, welche zur Aufzeichnung des Nationale's des Patienten dient. Ein Stück Brett, auf welches mit Kreide geschrieben wird, genügt im Nothfalle. — Für die Aerzte und Pfleger muss sich in jedem Krankensaale ein Tisch und ein Waschtisch befinden, ferner ein Schreibzeug.

Alle diese Requisiten können leicht improvisirt werden. Fig. 146, Taf. X, zeigt einen Betttisch, aus Brettern und Nägeln gefertigt, bestehend aus zwei Seitenwänden und zwei horizontalen Flächen zum Auflegen kleiner Gegenstände; seine Höhe beträgt ungefähr 75 cm. Fig. 147, Taf. X, zeigt einen Stuhl aus demselben Material. Höhe der Lehne 80 cm, des Sitzes, vom Fussboden an gerechnet, 45 cm. Länge des Sitzes von vorn nach hinten 45 cm. — Die Vorder- und Hinterwand unterhalb des Sitzbrettes können zur Erhöhung der Festigkeit durch Querhölzer oder Bretter noch mit miteinander verbunden werden.

Die Krankentafeln werden mittelst Schlingen aus Fäden an der Wand aufgehängt. Bei freistehenden Betten nagelt man an das Kopfende der Bettstelle einen Stock oder eine dünne Stange, welche oben an ihrem über das Bett hinausragenden Ende mit einem Nagel zum Aufhängen der Tafel versehen wird. Bei besseren Bettstellen, welche nicht durch Nägel beschädigt werden sollen, bindet man die Stange an einen Bettpfosten.

Die Organisation des Dienstes derjenigen Personen im Feldlazareth, welche von den Truppenkörpern zu diesem Zwecke bestellt worden sind, also die Militärärzte, Lazarethgehülfen, Krankenwärter, ist bei allen civilisirten Armeen schon im Frieden vorgeschrieben und festgesetzt. Für uns handelt es sich somit nur um die Dienstleistung der Civilpersonen, welche zur Verstärkung des Lazarethpersonals in die Ambulanzen eintreten.

Der hohe Werth der letztgenannten Personen liegt darin, dass sie zumeist lediglich im Dienste des rothen Kreuzes, den Lohn für ihre Thätigkeit in ihrer eigenen Brust suchend, auf die Schlachtfelder eilen, um ihre Kräfte zum Wohle der Verwundeten zu verwerthen. Bei ihnen ersetzt guter Wille, Eifer und Aufmerksamkeit, was ihnen an Schulung gebricht, und sie werden sowohl dem mit Arbeit überhäuften Arzte eine schätzbare Stütze sein, als auch willig jede Dienstleistung übernehmen, welche unter gewöhnlichen Verhältnissen dem Wärter obliegt. Der Hauptmangel, welcher der freiwilligen Krankenpflege im Felde anhaftet, besteht darin, dass viele Arbeitskraft unnütz vergeudet wird. Die Resultate, welche die freiwilligen Helfer erzielen, könnten gewöhnlich mit geringerer Mühe erreicht werden, oder, mit anderen Worten, dieselbe Mühewaltung könnte Grösseres vollbringen, als dies thatsächlich der Fall ist. Der Grund hierfür ist in dem Mangel an einheitlicher Organisation, an geschlossenem, gemeinsamen Handeln zu suchen. In der Regel bestrebt sich jeder Helfer in der aufopferndsten Weise, sich nützlich zu machen, jedoch ohne gehöriges Anpassen an das Handeln und die Thätigkeit seiner Nebenmänner.

Deshalb muss der Dienst der Helfer systematisch organisirt werden. Wenn der etwa vorhandene militärische Chef des Lazarethes nicht Zeit hat, oder nicht Veranlassung nehmen will, diese Organisation zu insceniren, so müssen es die Helfer selbst thun. Sie treten zusammen und wählen sich aus ihrer Mitte einen mit einigem organisatorischem Talent ausgestatteten Mann, welcher sich, als Chef seiner Wähler, in erster Linie nicht mit der direkten Pflege der Verwundeten, sondern mit der richtigen Eintheilung der Arbeit und Vertheilung der Arbeitskräfte zu beschäftigen hat. Dieser Chef wird täglich sämmtliche Lazarethe, in welchen seine Gesinnungsgenossen wirken, besuchen, um sich zu überzeugen, ob die Kräfte der Helfer im rechten Maasse eingetheilt sind; er wird untersuchen, wo ein Helfer entbehrt werden kann, um dahin dirigirt zu werden, wo die Arbeit schwerer zu bewältigen ist; er hat dafür zu sorgen, dass Leute von grösserer physischer Leistungsfähigkeit und bedeutenderer Bildung und Intelligenz dort ihren Platz finden, wo grössere Leistungen gefordert werden müssen; dass die weniger leistungsfähigen Helfer zwischen tüchtigere Kräfte eingeschoben werden; er richtet es ein, dass aus der grösseren Zahl der Helfer im grösseren Lazareth Einzelne zum Nachtdienst in gewissen Zwischenräumen von Zeit nach kleineren Lazarethen gesendet werden, um die dort thätige kleine Anzahl von Helfern nicht allzu stark mit Arbeit zu überhäufen u. s. w. Als oberstes Gesetz muss deshalb bei allen Helfern gelten, dass sich jeder Einzelne allen Anordnungen des Chefs unbedingt zu fügen hat, zum Wohle des Ganzen; andrerseits wird der Chef es sich zur Pflicht machen, persönlichen Wünschen des Einzelnen nach Möglichkeit Rechnung zu tragen.

Ferner ist es empfehlenswerth, dass die Helfer jedes einzelnen Hospitals wiederum aus ihrer Mitte einen Abtheilungschef wählen, welcher dem Chef täglich die nöthigen Rapporte erstattet, seine Anordnungen entgegen nimmt und für deren Ausführung sorgt, ausserdem etwaige Wünsche seiner Mithelfer vorträgt.

Womöglich soll die Besetzung der Stelle eines Chefs definitiv und keinem Wechsel unterworfen sein, weil der Gewählte, je mehr er sich in sein Amt eingearbeitet hat, desto leichter und schneller seine Obliegenheiten erfüllen und somit wachsenden Ansprüchen gerecht werden kann; indessen empfiehlt es sich doch, den Chef nach Ablauf eines bestimmten Zeitraumes (wöchentlich, zehntägig, halbmonatlich) durch eine Neuwahl immer wieder von Neuem zu bestätigen; hierdurch wird demselben ein Vertrauensvotum ertheilt, welches ihn in seinem Eifer nur anspornen kann, welches ihm aber auch die Ueberzeugung gewährt, dass er die Oberleitung in der richtigen Weise handhabt; andrerseits wird den Helfern die Garantie geboten, dass sie einen etwaigen Missgriff in der Wahl ihres Chefs bald wieder gut machen können.

Dem Chef ist ein Depot zu unterstellen, in welchem die von privater Seite für die Verwundeten eingehenden Hülfsmittel jeder Gattung aufbewahrt werden, als: Verbandzeug, Wäsche, Bekleidungsgegenstände, Medikamente, Wein, Esswaaren, Cigarren und Tabak, Bücher. Der Chef informirt sich unausgesetzt über die Bedürfnisse seiner Lazarethe, ordnet die Vertheilung der Gegenstände an und achtet darauf, dass mit dem Inhalte des Depots weder gegeizt, noch derselbe vergeudet wird.

Die dritte wichtige Obliegenheit des Chefs besteht darin, das richtige Verhältniss zwischen dem militärischen und dem freiwilligen Civilpersonal der Lazarethe herzustellen. Das Erstere ist numerisch nach grösseren Schlachten unzureichend, und daher bilden die Helfer für die Militärverwaltungen eine sehr willkommene Verstärkung. Oft aber unterlassen es die Militärs, die Kräfte der Helfer zweckentsprechend auszunutzen, mit Rücksicht darauf, dass Letztere nicht ihrem Commando unterstellt sind; sie begnügen sich damit, ihre Wünsche im Allgemeinen anzudeuten und überlassen es dann den freiwilligen Helfern, ihre Thätigkeit nach eigenem Gutdünken zu gestalten. Mit der Wahl eines Chefs, welcher sich und seine Mithelfer als Ganzes der Militärverwaltung zur Verfügung stellt, werden solche Uebelstände leicht zu beseitigen sein.

In einem Hospital, wo überhaupt nur freiwillige Helfer wirken, ist die Wahl eines Chefs ebenfalls geboten. Ist nur ein einziger Arzt anwesend, so wird dieser die geeignetste Persönlichkeit für Besetzung der Stelle eines Chefs sein; in grösseren Lazarethen, wo mehrere Aerzte zusammenwirken, werden diese aus ihrer Mitte einen dirigirenden Arzt wählen und neben sich einen Leiter, der nicht ärztliche Geschäfte haben muss. — Indessen lassen sich allgemein gültige Regeln für solche Verhältnisse nicht aufstellen; die nöthigen Arrangements richten sich nach dem gegebenen Falle. Die Hauptsache bleibt stets: Einheitliche, von allen Helfern anerkannte Oberleitung.

Im Hospital wird eine bestimmte Hausordnung aufgestellt. Es werden Anordnungen getroffen, zu welchen Stunden die Verwundeten ihre Mahlzeiten erhalten; zu welcher Zeit Abends die Lichter gelöscht werden, die nicht über Nacht brennen müssen; ob, wann und wo geraucht werden darf; eventuell, zu welchen Stunden die Verwundeten ausgehen, beziehentlich Besuche empfangen dürfen; zu welcher Zeit der Arzt seine erste Visite macht, um die Anordnungen für den laufenden Tag zu treffen. — Die für Behandlung und Pflege der Verwundeten nöthigen Requisiten (ärztliche Instrumente, Medikamente, Verbandzeug) werden an bestimmten Orten des Hauses in genau bestimmter Anordnung aufbewahrt und arrangirt. Wenn irgend möglich, dürfen solche Gegenstände nicht frei stehen, sondern müssen in Schränken oder Kisten geordnet werden. Das ganze Lazarethpersonal hat sich genau über die getroffenen Anordnungen zu unterrichten, damit das momentan Gebrauchte ohne Zeitverlust von Jedermann herbeigeholt und wieder an seinen Platz zurückgebracht werden kann. Sehr erleichtert wird der Ueberblick, wenn in grösseren Gebäuden jede einzelne Schrankthür ein Schild von Papier trägt, welches den Inhalt des Schrankes angiebt, wenn überhaupt alle Zimmerthüren Inschriften erhalten, welche über die Art der Verwendung jedes Zimmers Aufschluss ertheilen. Die Aufschrift sei kurz und präcis, wie: Krankensaal — Arzt — Chef der freiwilligen Pflege — Operationszimmer — Medikamente und Verbandzeug — Speisekammer — u. s. w. Die Schrift sei gross und deutlich, um auch bei trüber Beleuchtung schnell erkannt zu werden, und etwa in Augenhöhe angebracht.

Der Chef des Lazarethes sorgt für gehörige Buchführung. Dieselbe umfasst Listen über die im Hause befindlichen Verwundeten, den Zugang und Abgang von Patienten, über das Inventar und die Vorräthe, deren Verbrauch und Ergänzung.

Die Verwundeten werden so an die Helfer vertheilt, dass jeder der Letzteren für eine gleich grosse Anzahl der Kranken zu sorgen hat, wobei Schwer- und Leichtverwundete ebenfalls gleichmässig zu vertheilen sind. Oefterer Wechsel ist hierbei zu vermeiden; die Pfleger, welche längere Zeit dieselben Kranken unter Aufsicht haben, lernen allmählig die subjectiven Bedürfnisse und die Eigenart jedes einzelnen derselben kennen, und ebenso gewöhnen sich die Patienten an ihre Pfleger, so dass das gegenseitige Verhältniss ein um so erspriesslicheres für die Verwundeten wird, je länger das Zusammensein währt. Auch von ärztlichem Standpunkte aus betrachtet ist dies vortheilhaft, denn der Laie, welcher mit dem Arzte täglich über den Zustand derselben Verwundeten conferirt, Instruction und Belehrung empfängt, wird sein Verständniss für den Gesundheitszustand seiner Pflegebefohlenen mehr und mehr erweitern, wodurch seine Thätigkeit werthvoller wird.

Selbstverständlich haben sich die Helfer gegenseitig zu unterstützen. Eine Nachtwache soll von einem Pfleger, welcher tagsüber thätig sein muss, höchstens jeden vierten Tag verlangt werden. Der durch die Wache entbehrte Schlaf wird nachgeholt, nicht vorweggenommen; es ist viel leichter, von Morgens sieben Uhr bis zum andern Morgen sieben Uhr wach und geistig frisch zu bleiben, um dann einige Stunden zu schlafen, als Abends zu schlafen und sich dann über Nacht munter zu erhalten. Besonders jüngeren Leuten ist es schwer möglich, Abends Schlaf zu finden, wenn sie sich zu einer ungewohnt frühen Stunde zur Ruhe legen; und der nach einigen Stunden aus dem Schlummer Aufgerüttelte kämpft oft während der ganzen Nacht mit Schlaftrunkenheit.

In grösseren Lazarethen werden besonders anstrengende Verrichtungen täglich von einem anderen Helfer übernommen, wobei eine vorher festgesetzte Reihenfolge einzuhalten ist; die Ablösung erfolgt am Besten frühmorgens.

Jeder Helfer theilt sich die ihm zugewiesene Arbeit zweckmässig ein. Wenn es das Genre der Arbeit verbietet, einen Stundenplan zu entwerfen und nach dem Glockenschlage einzuhalten, so entwirft man wenigstens eine bestimmte Reihenfolge der einzelnen Dienstleistungen und bestrebt sich hierbei besonders, solche Arbeiten zeitlich neben einander zu legen, welche zugleich verrichtet werden können, wodurch Zeit, Mühe und doppelte Wege gespart werden. Besonders dem noch unerfahrenen Helfer wird das Praktische einer solchen Eintheilung der Arbeit bald einleuchten, — dieselbe wird ihn in den Stand setzen, bald selbstständig, kurz entschlossen und ohne Zeit zu verlieren da aufzutreten, wo er sich anfangs nur zögernd und schwankend bewegte, sich fortwährend nach Anleitung und Hülfe umsah und sich tagsüber zehn Mal fragte: Was arbeitest Du nun zuerst auf? — Eine solche mechanische Einübung des Einzelnen entlastet das Denkvermögen nach einer Richtung hin und gestattet die Concentration desselben auf wichtigere Dinge, was besonders für solche Helfer segenstiftend sein wird, welche nicht eine natürliche biegsame Fassungsgabe und einen sich schnell in neuen, ungewohnten Verhältnissen zurechtfindenden Geist besitzen.

Unter den Bedürfnissen des Lazareths nimmt gutes Trinkwasser die erste Stelle ein, von welchem stets Ueberfluss vorhanden sein muss, wenn es die Verhältnisse ermöglichen lassen. Man prüfe das Wasser der erreichbaren Brunnen und Cisternen, oder wenn solche fehlen, fliessender Gewässer und wähle des relativ beste aus. Man kann in die Lage kommen, Brunnen graben zu müssen, wenn z. B. in schwach bevölkerten Gegenden eine Anhäufung von Verwundeten und dem zu ihrer Pflege nöthigen Personal stattfindet, so dass die disponiblen Trinkwassermengen schnell zu Ende gehen und das Bedürfniss durch den Zufluss nicht gedeckt wird. Zur Anlage des Brunnens wird die tiefste Senkung des umliegenden Terrains gewählt, selbst wenn diese Hunderte von Metern vom Hospitale entfernt liegen sollte. Man grenzt einen quadratischen Raum von zwei bis vier Metern Seitenlänge ab und gräbt einen Schacht. Die Wände desselben werden mit Brettern roh ausgekleidet, die durch Pfähle und starke Stangen, deren Länge der Breite des Schachtes entspricht, in ihrer Lage gehalten werden (Fig. 148. Taf. XI). Die Festigkeit des Erdreiches, die Art und Menge des vorhandenen Auskleidungsmaterials sind massgebend dafür, wie tief gegraben werden kann. Man muss darauf gefasst sein, dass die Arbeit unnütz ausgeführt wird und an einer anderen Stelle von Neuem begonnen werden muss. — Etwa ein Meter tief wird ausgegraben, dann sofort die Auskleidung der Wände vorgenommen, wieder ein Meter tief gegraben, wieder ausgekleidet u. s. f. Die Arbeitenden haben sich zu hüten, die eingestemmten Pfähle als Stützpunkte zu benutzen, wenn sie den Schacht verlassen. Das Aussteigen wird ermöglicht durch eine quer über die Mitte der Schachtmündung gelegte starke Stange, von welcher im Centrum des Schachtes ein Knotentau herabhängt, oder, noch besser, eine schnell improvisirte Leiter aus Stricken mit eingebundenen Holzstücken als Sprossen (Fig. 149. Taf. XI). Nachdem man auf Wasser gestossen ist, gräbt man noch so tief als möglich weiter. Das Herausbefördern geschieht mittelst eines Hebels oder einer Winde und eines Eimers oder ähnlichen Gefässes, welches an einem Stricke hängt; nöthigenfalls auch ohne diese Vorrichtungen, indem der Wasserholende das an einem Stricke hängende Gefäss nur mit seinen Händen dirigirt. Die Anwendung der Winde empfiehlt sich am meisten, weil diese den Eimer stets im Centrum des Brunnens auf- und niedergehen lässt, wobei Beschädigungen der Schachtwände durch das Anschlagen des Eimers ausgeschlossen sind.

Zum Transport des Wassers auf grössere Entfernungen werden grosse Gefässe (Fässer) benutzt, die auf Wagen oder, wenn diese fehlen, auf improvisirte Schleifen gestellt werden. Die Fässer sind aufrecht auf das Fuhrwerk zu stellen und festzubinden (Fig. 150. Taf. XI). Herrscht Mangel an grossen Gefässen, so behilft man sich mit kleinen. Die besten Dienste leisten hier Feldkessel, mit den Henkeln über eine horizontale Stange geschoben (Fig. 151. Taf. XI). Zwei Mann können, in jeder Hand ein Stangenende, auf diese Weise fünfzig Kilogramm Wasser und mehr transportiren. Findet der Transport zu Wagen statt, so müssen die Stangen sicher mit ihren Enden an den Wagentheilen befestigt werden. Es würde zu umständlich sein, die Stangen jedesmal fest- und wieder loszubinden, wenn die Gefässe über dieselben geschoben oder wieder abgenommen werden sollen; deshalb bringt man in diesem Falle an den Stangen Einrichtungen zum Anhängen der Gefässe an, z. B. S-förmig gebogene Drähte, krummgebogene grosse Nägel, Stücke von Baumzweigen, welche einen Seitenzweig besitzen (Fig. 152, Taf. XI). Töpfe und andere Gefässe ohne oder nur mit einem seitlichen Henkel werden mit Oberhenkeln aus Stricken zum Anhängen versehen (Fig. 153, Taf. XI). Durch das während des Transportes unvermeidliche Schwanken der Gefässe geht ein Theil des Wassers verloren, was dadurch beschränkt werden kann, dass man zwei Holzstückchen, etwas kürzer als der innere Durchmesser des Gefässes, kreuzweise mit einander verbindet und auf der Oberfläche des Wassers schwimmen lässt (Fig. 154, Taf. XI).

Unreines Wasser verbessert man durch Filtriren. Man treibt vier Stangen, im Viereck zu einander gestellt, im Freien in den Boden und bindet an ihren oberen Enden die Zipfel eines gut ausgewaschenen viereckigen Leintuchs fest (Fig. 155, Taf. XI); auf Letzteres wird das zu filtrirende Wasser gegossen und in einem darunter stehenden Gefässe aufgefangen. Im Zimmer benutzt man statt der Stangen die vier Beine eines umgekehrten Tisches, oder eines Stuhles, welcher verkehrt auf einer Tischplatte zu stehen kommt (Fig. 156, Taf. XI).

Auch Kiesfilter sind zu empfehlen. In den Boden einer gut gereinigten Kiste werden Löcher gebohrt, und die Kiste wird dann mit reinen Kieselsteinen von Haselnussgrösse gefüllt, auf welche das Wasser gegossen wird. Bevor dasselbe durch die Löcher abläuft, bleibt ein grosser Theil seiner Beimengungen an den Kieselsteinen haften. Dies Verfahren ist brauchbar um grössere Beimengungen abzuscheiden, bevor das Wasser durch den Leinenfilterapparat gegossen wird.

Zum Trinken und zu ärztlichen Zwecken zu benutzendes Wasser wird nach dem Filtriren abgekocht und wieder abgekühlt, wenn noch Zweifel an dessen Güte bestehen.

In den Krankensälen darf nur so viel Wasser aufbewahrt werden, als zum augenblicklichen Gebrauche erforderlich ist. Jeder Verwundete habe sein eigenes Trinkgefäss und dasselbe gefüllt zur Hand, falls ihm nicht vom Arzte der Genuss des Wassers verboten oder nur in beschränktem Maasse gestattet ist. Der Helfer spart viel Zeit, wenn er, statt zu warten, bis einer der Verwundeten nach Wasser verlangt, um sich dann jedes Mal einen besonderen Weg zu machen, von Zeit zu Zeit mit einem grösseren Gefässe an den Betten die Runde macht und die Trinkgefässe sämmtlich der Reihe nach füllt. Ist Ueberfluss an Arbeitskräften vorhanden, oder befinden sich Leichtverwundete im Hospitale, welche ihre hülfloseren

Kameraden bedienen können, so ist es allerdings besser, das Wasser nicht in den Trinkgefässen stehen zu lassen, sondern jeden Kranken nach seinem augenblicklichen Bedürfniss zu befriedigen. Verwundete, welche sich nicht aufrichten können, trinken das Wasser durch Röhren, deren oberes Ende dem Kranken in den Mundwinkel gelegt wird, während das untere im Trinkgefäss mündet. Strohhalme ohne Knoten oder Thonpfeifen ohne Köpfe stellen solche Röhren dar.

Bei heissem Wetter setzt man dem Wasser, um es erfrischender zu machen, Essig zu, oder man bereitet Limonade aus Wasser, Zucker und Citronen in grossen Gefässen, welche den Bedarf eines halben oder ganzen Tages auf einmal enthalten.

In improvisirten Hospitälern macht sich in der heissen Jahreszeit der Mangel an Eis zur äusserlichen Anwendung oft recht fühlbar. Muss dasselbe durch Wasser ersetzt werden, so erzielt man Abkühlung desselben durch Zusatz von Kochsalz, Glaubersalz oder Salpeter. Solches Wasser darf nicht direkt auf die Wunde gebracht werden.

Abkühlung von Zimmern, welche durch die Sonnenstrahlen zu sehr erwärmt werden, erreicht man, indem man vor die geöffneten Fenster grosse Leintücher hängt und diese mit Wasser tränkt und nass erhält. Die zum Verdunsten des Wassers nöthige Wärme wird theilweise dem Zimmer entzogen und die Luft desselben in Bezug auf ihren Feuchtigkeitsgehalt verbessert.

Abgesehen von der Sicherung der Wasserversorgung, muss in einem improvisirten Hospital hauptsächlich nach dem Besitze eines genügenden Vorraths von Verbandzeug und von Nahrungsmitteln, welche nicht schnellem Verderben unterworfen sind, gestrebt werden. Alle aufzutreibende Leinwand wird nach dem Hospital geschafft und dort nach Grösse und Qualität der einzelnen Stücke geordnet; Gleichartiges wird zu Bündeln zusammengebunden und des schnelleren Ueberblickes wegen mit einer Etiquette versehen. — Man halte auch eine Quantität präparirten Sandes bereit zur Füllung von Sandsäcken, indem man feinen Sand durch Erhitzen von Feuchtigkeit befreit und in ihm enthaltene Organismen vernichtet, um ihn dann in verschlossenen Gefässen aufzubewahren.

Falls nicht die ununterbrochene Zufuhr gesichert ist, sucht man grössere Vorräthe von solchen Nahrungsmitteln aufzuspeichern, welche längere Zeit lagern können, ohne zu verderben, als: Getreide, Mehl, Zwieback, Cakes, Hülsenfrüchte, Conserven, Colonialwaaren, Fleisch-

4*

extrakt, condensirte Milch, Suppentafeln. Man verfolge das Princip, solche Vorräthe nur im Nothfalle anzugreifen und den Tagesbedarf durch neue Zufuhren zu decken, so weit und so lange es möglich ist.

In civilisirten Gegenden wird die Militärverwaltung für die Verproviantirung des Lazareths zu sorgen haben, welche gewöhnlich von der Privatwohlthätigkeit unterstützt wird. In den ersten Tagen nach einer grösseren Schlacht herrscht oft empfindlicher Mangel, weil die geregelten Verbindungen unterbrochen sind. Es ereignet sich nicht selten, dass dem Hospital Vorräthe in Hülle und Fülle zur Verfügung gestellt werden, jedoch lagern dieselben meilenweit entfernt, die Eisenbahnverbindung ist unterbrochen, Pferde, Wagen und andere Transportmittel sind nicht zu haben, oder bereits von den operirenden Truppenkörpern in Anspruch genommen, — kurz, das Hospital ist auf sich selbst angewiesen. Man construire schnell eine Tragbahre, oder, noch besser, einen Schlitten oder eine Schleife, nähe aus erreichbaren Stoffen (Kleidungsstücken) Säcke zusammen (Bettüberzüge bilden an und für sich schon treffliche Säcke), lade diese und einige längere Stricke auf den Schlitten und sende mit ihm einige intelligente Leute aus, um nach Nahrungsmitteln zu suchen. Statt der Säcke können diese auch mit grossen Tüchern oder Decken ausgerüstet werden, in welche man die erlangten Vorräthe einschlägt und sie dann mit Stricken zu einem Bündel schnürt. Zuerst werden die nächsten Ortschaften und Truppenquartiere besucht, wo meist Einiges für das Hospital zu erlangen sein wird. — Dann sucht man die für die Armee bestimmten Vorräthe im Rücken derselben auf; Eisenbahnstationen und Landstrassen müssen abgesucht werden, wo wenigstens Erkundigungen eingezogen werden können. Die Truppen und Ambulanzen in nächster Nähe der grossen Strassen sind zuweilen überreichlich mit allen Lebensbedürfnissen versehen, während die abseits liegenden Hospitäler darben, weil sie nicht wissen, wohin sie sich zu wenden haben, um ihrem Mangel abzuhelfen. — Man versäume nicht, mehrere Expeditionen nach verschiedenen Richtungen auszusenden, soweit die Arbeitskräfte momentan entbehrlich sind. Bleibt die Nachfrage bei den Truppen und in Ortschaften resultatlos, so suchen die Helfer in Gärten und Feldern nach Objekten für ihre Küche und sammeln Obst, Gemüse, vielleicht auch reifes Getreide. Zuweilen liefern auch die Wälder Esswaaren (Beeren, Edelkastanien). Gestatten es die Verhältnisse, so geht man auf die Jagd. Das Wild wird häufig durch das Getöse der

Schlacht aus seinen gewöhnlichen Standorten vertrieben, und man kann gezwungen sein, stundenweit herumzustreifen, bevor man zum Schuss kommt. Dies ist jedoch der Mühe werth in Gegenden, wo sich überhaupt Wild findet, denn ein Rehbock oder Hirsch liefert die Hauptbestandtheile eines vorzüglichen Diners für eine grössere Anzahl Menschen. Auch Hasen, Kaninchen, Hühner, kleine Vögel werden dem Hospitale willkommen sein. Es ist stets nothwendig, dass mehrere Helfer zugleich ausgehen und sich mit genügenden Transportmitteln für die Beute versehen.

Die Helfer werden das Erlangte durch Entfernung jeder unnöthigen Emballage und jedes Beiwerks zu erleichtern suchen, um desto mehr Nettowaare mitnehmen zu können. Lebende Thiere, welche nicht geführt, getrieben oder gefahren werden können, schlachtet man an Ort und Stelle ab und weidet sie aus, um sie eventuell dann noch abzuhäuten und zu zertheilen. Den Inhalt schwerer Kisten packt man in die mitgebrachten Säcke um.

Die Küche wird im Hospital selbst etablirt, nur ausnahmsweise in einem anderen Gebäude der nächsten Nachbarschaft. Fehlt es an Raum, so kocht man im Keller, bei günstiger Witterung auch im Freien. Eine Küche im Freien zu bauen, wird sich als zu umständlich und zeitraubend erweisen, wenn nicht etwa winklige Mauern Anhaltspunkte gewähren. Man gräbt, um die Feuer gegen den Wind zu schützen, eine viereckige Grube von einem Meter Tiefe mit ebenem Boden und senkrechten Wänden und schrägt die nach der am meisten geschützten Seite zu liegende Wand ab, um einen bequemen Zugang zu erzielen. Die Breite der Grube richtet sich nach dem Bedürfniss. Die Feuerstellen auf dem Boden werden entweder durch flache Löcher oder durch Furchen repräsentirt, oder man grenzt einen Raum für das Feuer durch Steine ab. Für grössere Kochgeschirre baut man runde Herde aus Steinen (Fig. 157, Taf. XI), deren Form sich nach der Façon des Geschirres richtet. Geeignete Steine liefert jedes Mauerwerk. Man erleichtert sich den Bau, wenn man die Steine eben so wieder zusammensetzt, wie man sie der Mauer entnommen hat, falls dieselben nicht gleiche Dimensionen besitzen. Zu bemerken ist, dass die Vertikalfugen der Steine nicht direkt über einander zu liegen kommen dürfen. — Kann Lehm, Thon oder Kalk beschafft werden, so streicht man die Fugen, welche sich bei Steinen mit rechtwinkligen Flächen nach Aussen öffnen.

mit diesem Material aus, wodurch der Bau an Festigkeit gewinnt und auch weniger Hitze verloren geht.

Ein einfacherer Herd wird durch im Kreise auf den Boden gelegte grössere Steine gebildet, auf welchen das Kochgeschirr ruht und zwischen welchen das Feuer seinen Platz findet. Bei ungenügender Höhe der Steine gräbt man in die Mitte des Kreises ein Loch (Fig. 158, Taf. XI). Die Festigkeit dieses Herdes erhöht man durch einen runden Erdwall, welcher die Steine umschliesst und das Centrum des Kreises frei lässt. Die Oberflächen der Steine blicken aus demselben hervor. Dieser Ringwall besitzt eine Lücke zum Einführen des Feuerungsmaterials.

Muss man sich ohne Herd behelfen, so hängt man die Kochgeschirre an Stricken auf, welche von einem starken Baumast oder an in den Boden getriebenen Stangen herabhängen (Fig. 159, Taf. XI). Kleinere Kochgeschirre (Feldkessel) hängt man in Reihen an eine Horizontalstange (Fig. 160, Taf. XI). Jedes Gefäss muss einzeln abgenommen werden können.

Ein Rost kann aus Waffen (Säbelscheiden, Bajonetten) hergestellt werden, welche man parallel neben einander in einer Fläche mit ihren Enden auf zwei rechtwinklig zu ihnen liegenden Stöcken festbindet oder in dieselben einstösst. Dieser Rost ruht auf Steinen, zwischen denen das Feuer angelegt wird.

Im schlimmsten Falle stellt man das Kochgeschirr über ein in den Boden gegrabenes Feuerloch, welches von dem Geschirr völlig bedeckt wird mit Ausnahme einer Ausbuchtung, durch welche Luft zutreten, der Rauch abziehen und Feuerung eingeworfen werden kann.

Das Aufrollen von Binden verursacht dem ungeübten Helfer viel Mühe und Zeitverlust. In grösseren Hospitälern improvisirt man deshalb eine primitive Maschine zum Aufwickeln von Binden ungefähr in folgender Weise: Ein kurzer Zweig (Fig. 161, Taf. XI) wird an einem Ende mit einer Aushöhlung versehen (*a*); durch seine Mitte wird ein Loch gebohrt oder ein Spalt gestossen, durch welchen der Bindfaden *b* läuft, welcher durch ein dünnes Fädchen *c* mittelst Umwickelung in der Lage erhalten wird, wie es die Figur zeigt. Zwei solche Zweige werden, ungefähr 25 cm von einander entfernt, parallel und mit der Bindfadenschlinge nach oben auf einem Brette befestigt, welches letztere auf den Tisch gestellt werden kann. Oder die Befestigung findet auf einem Stück Holz statt, welches an eine Stuhllehne gebunden wird. — Durch die Bindfadenschlingen wird ein grades, glattes Holz von kreisförmigem Querschnitt geschoben (*a* Fig. 162), welches am einen Ende einen rechtwinklig stehenden Hebel (*b*) mit Handhabe (*c*) trägt*). Der Stab *a* wird durch die beiden Fadenschlingen (Fig. 162, Taf. XI) geschoben. Nun fasst man mit der einen Hand die Handhabe *c* und mit der anderen die Binde, welche aufgerollt werden soll, und deren Ende um das der Handhabe entgegengesetzte Ende des Stabes *a* lose gewunden worden ist; setzt man nun mittelst der Handhabe den Stab *a* in rotirende Bewegung, so wird die Binde auf demselben aufgerollt und kann fertig zum Gebrauche von demselben abgestreift werden. Der Stab *a* muss ein Stück länger sein, als die Entfernung der beiden die Fadenschlingen tragenden Hölzer von einander; die Binde wird auf das aus der zweiten Fadenschlinge frei herausragende Stück des Stabes gerollt. Auf diese Weise kann der unerfahrenste Helfer in wenigen Minuten ein Dutzend Binden correkt aufrollen.

Fehlende Schröpfköpfe ersetzt man durch Schnapsgläser.

Tourniquets zum Anlegen auf Arterienstämme werden aus Tüchern improvisirt, in welche ein Knoten geschlungen wird, der die Pelotte vertritt, wenn das Tuch um den Körper des Kranken gelegt und festgebunden wird. Oder man wickelt einen möglichst glatten Stein in ein Stück Leinwand oder Tuch ein, legt ihn auf die zu comprimirende Stelle und befestigt ihn durch eine Binde oder ein umgelegtes Tuch. Genügt diese Compression nicht, steckt man ein Stück Holz unter der Binde durch (Fig. 163, Taf. XI) und dreht das Holz so lange in einer Horizontalebene mit dem Knoten des Tuches als Mittelpunkt, bis das Tuch (die Binde), welches die Pelotte mehr und mehr anpresst, festliegt. Das Holz muss dann durch Binden, Tücher, Fäden oder Riemen in seiner Lage gehalten werden.

Das Dispensiren von Arzneimitteln in grösseren Quantitäten kann schwierig und zeitraubend werden, wenn die Einrichtungen der Apotheke im Hospital nur mangelhaft beschafft werden konnten; wenn eine einzige Feldapotheke den Bedarf einer Anzahl räumlich getrennter Hospitäler decken soll. Die Apotheke wird im letzteren Falle wohl möglichst central gelegt werden, umständlich bleibt das Abholen der Arzneimittel von Seiten der peripher gelegenen Hospitäler

---

*) Auf Tafel XI ist die Handhabe mit *a*, statt mit *c* bezeichnet. Das *kürzere* Holz stellt die Handhabe dar.

aber doch. Zweckmässiger ist es, wenn die disponiblen Medikamente in die Hospitäler vertheilt werden und dieselben sich Hausapotheken einrichten. Arzneimittel, welche in kleinen Dosen verabreicht werden, finden sich gewöhnlich schon in der gehörigen Dosirung vor oder können in grösseren Quantitäten dosirt von der Apotheke bezogen werden; sie bleiben in Verwahrung der Aerzte. Medikamente jedoch, welche, wie Carbollösung, concentrirt geliefert werden, müssen im Hospital selbst durch Wasserzusatz den gewünschten Verdünnungsgrad erhalten können. Fehlen feine Waagen, so präparirt man sich eine Anzahl Mensurgläser, indem man eine Quantität Wasser (oder eine Quantität anderer Flüssigkeit von nicht demselben specifischen Gewicht) von bekanntem Gewicht in eine Glasflasche von möglichst kleinem Querschnitt giesst und die Höhe des Wasserspiegels durch einen um die Glasflasche gelegten Heftpflasterstreifen (in horizontaler Richtung) markirt. Man muss sich genau merken, ob der Wasserspiegel mit dem oberen oder dem unteren Rande des Streifens abschneidet. Es ist zweckmässiger, den unteren Rand als Grenze zu benutzen. — Man stellt sich so z. B. ein Messglas her, durch welches man 10 Gramm Carbolsäure oder Carbollösung eines bestimmten Concentrationsgrades abmessen kann, und ein zweites grösseres (Weinflasche), welches einige hundert Gramm abzumessen gestattet; man kann nun ohne Waage schnell und sicher Carbollösung von jedem beliebigen Procentgehalt bereiten. Die grössere Flasche trage mehrere Heftpflasterstreifen, deren jeder ein weiteres Hundert Gramm abtheilt.

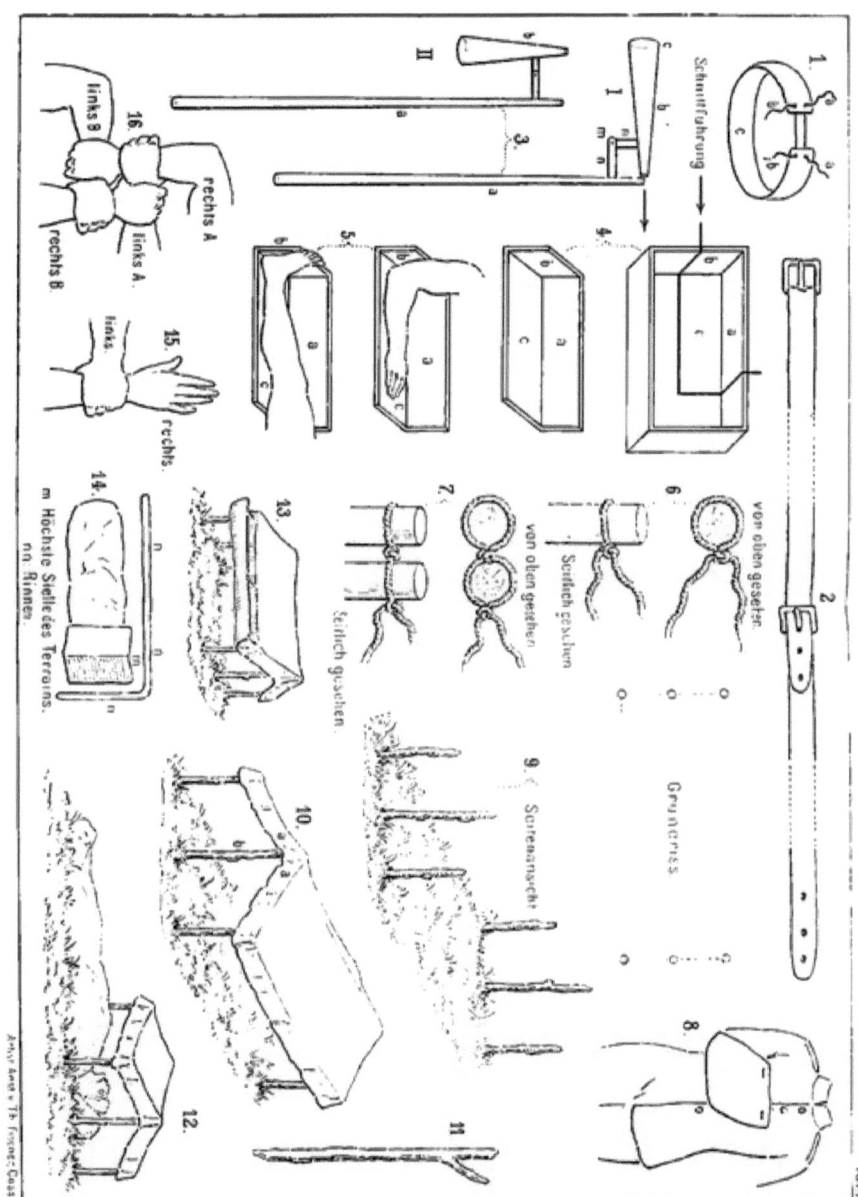

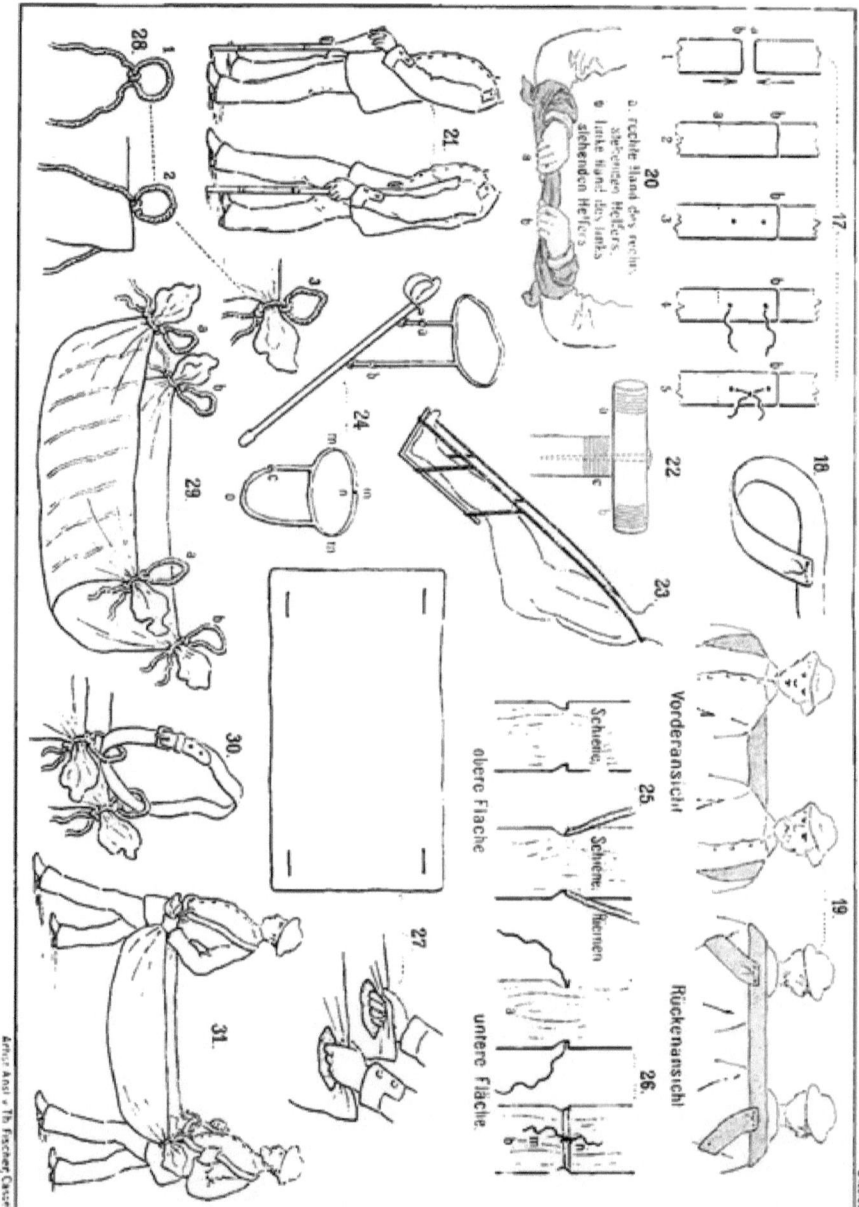

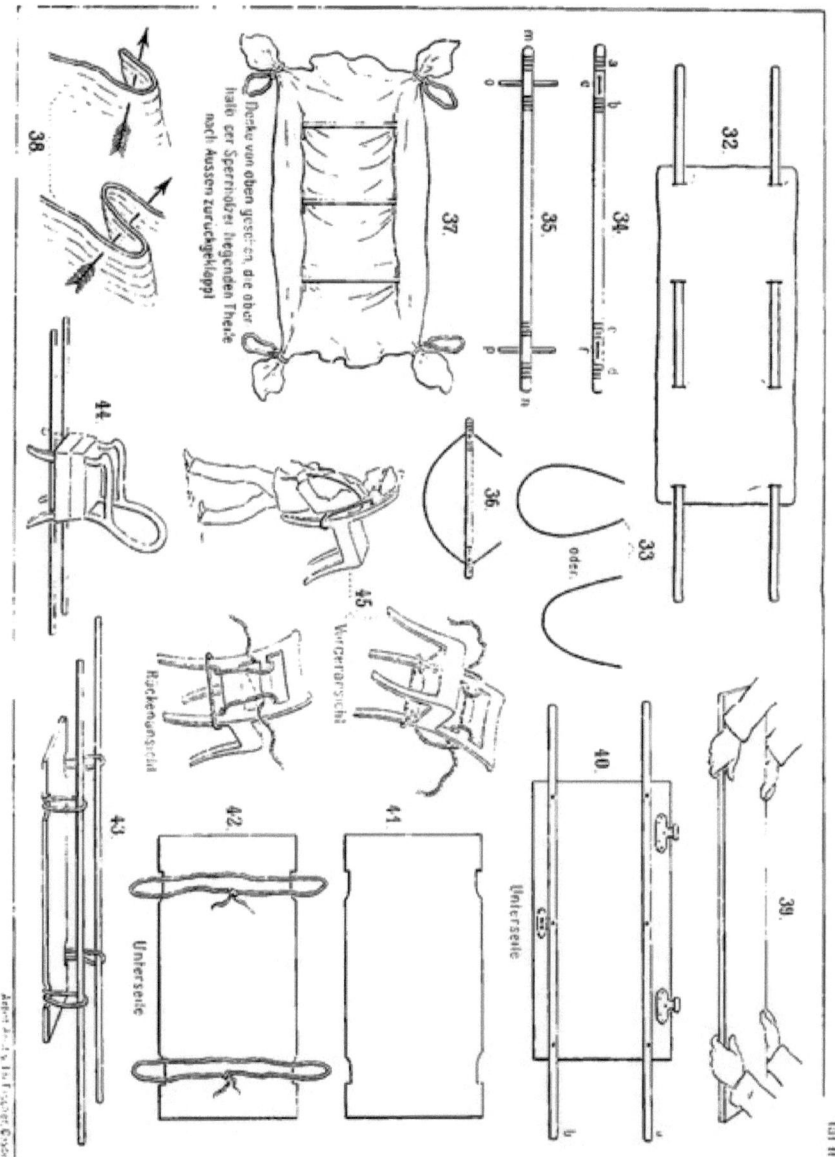

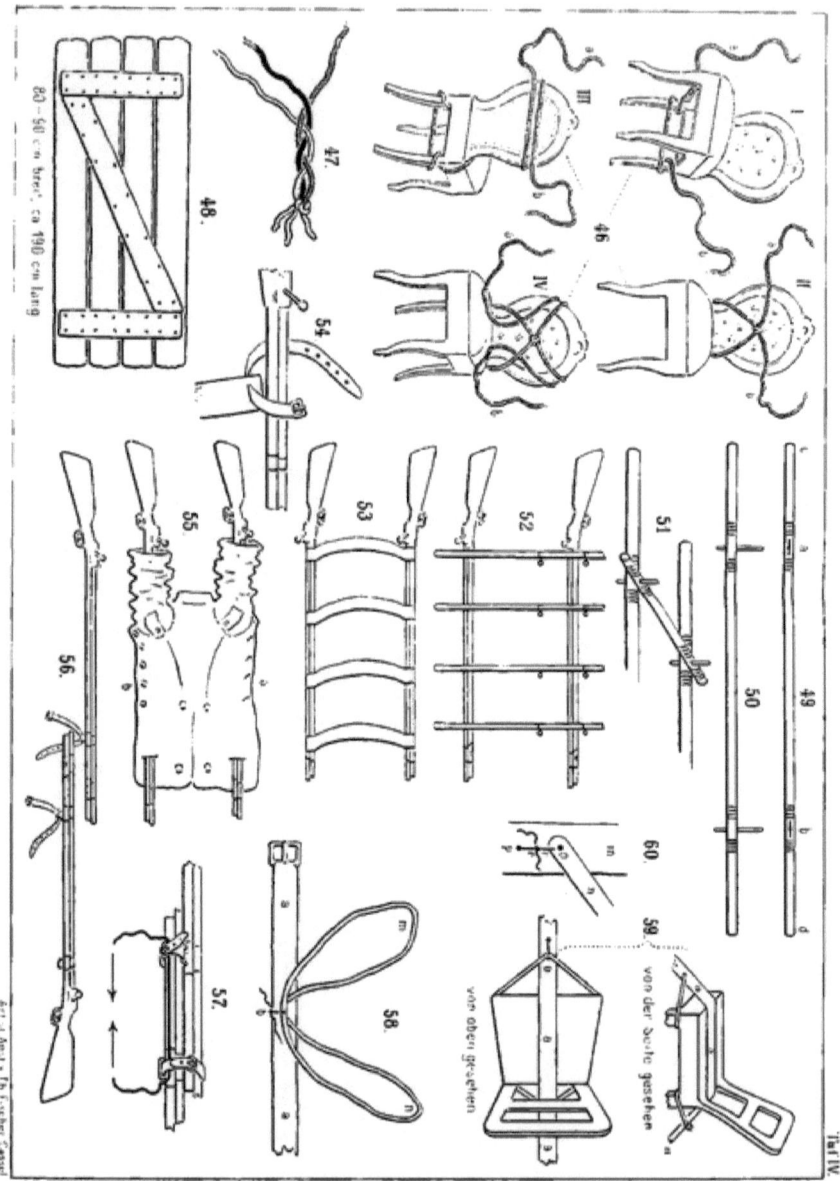

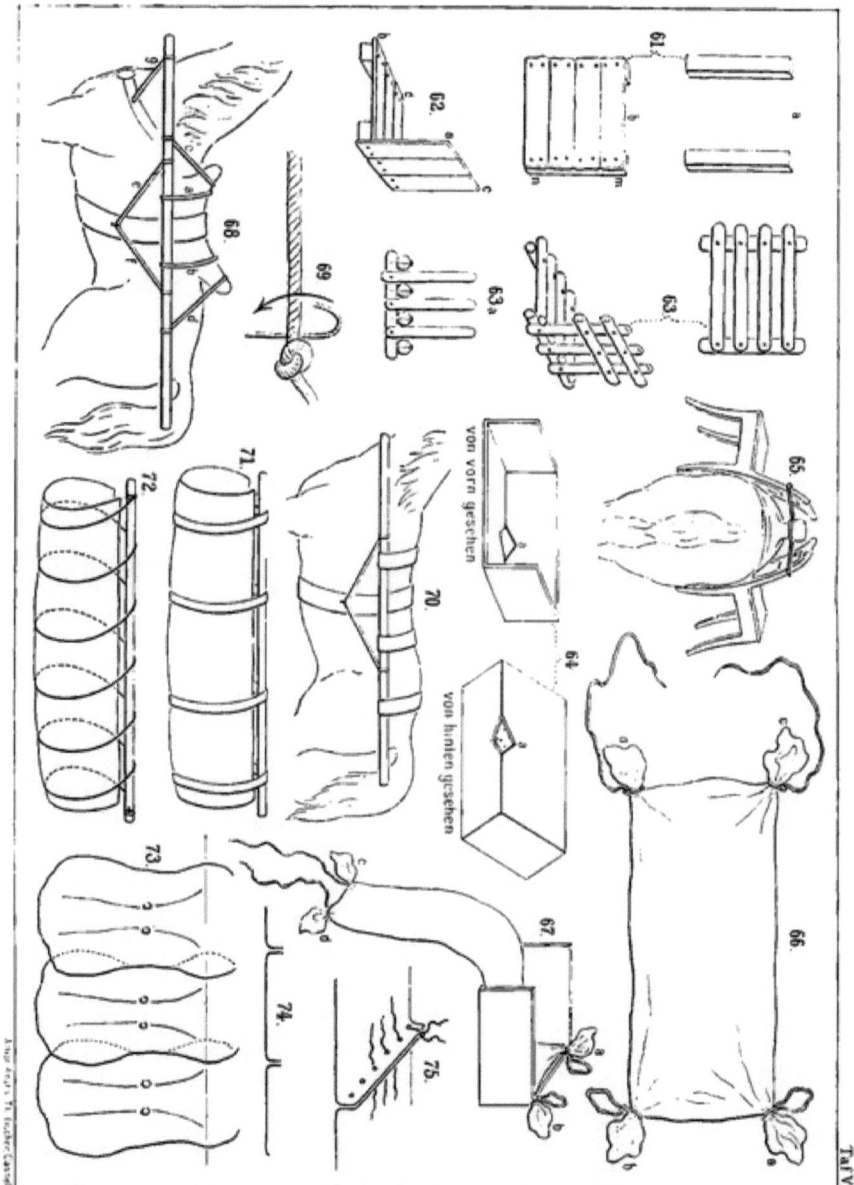

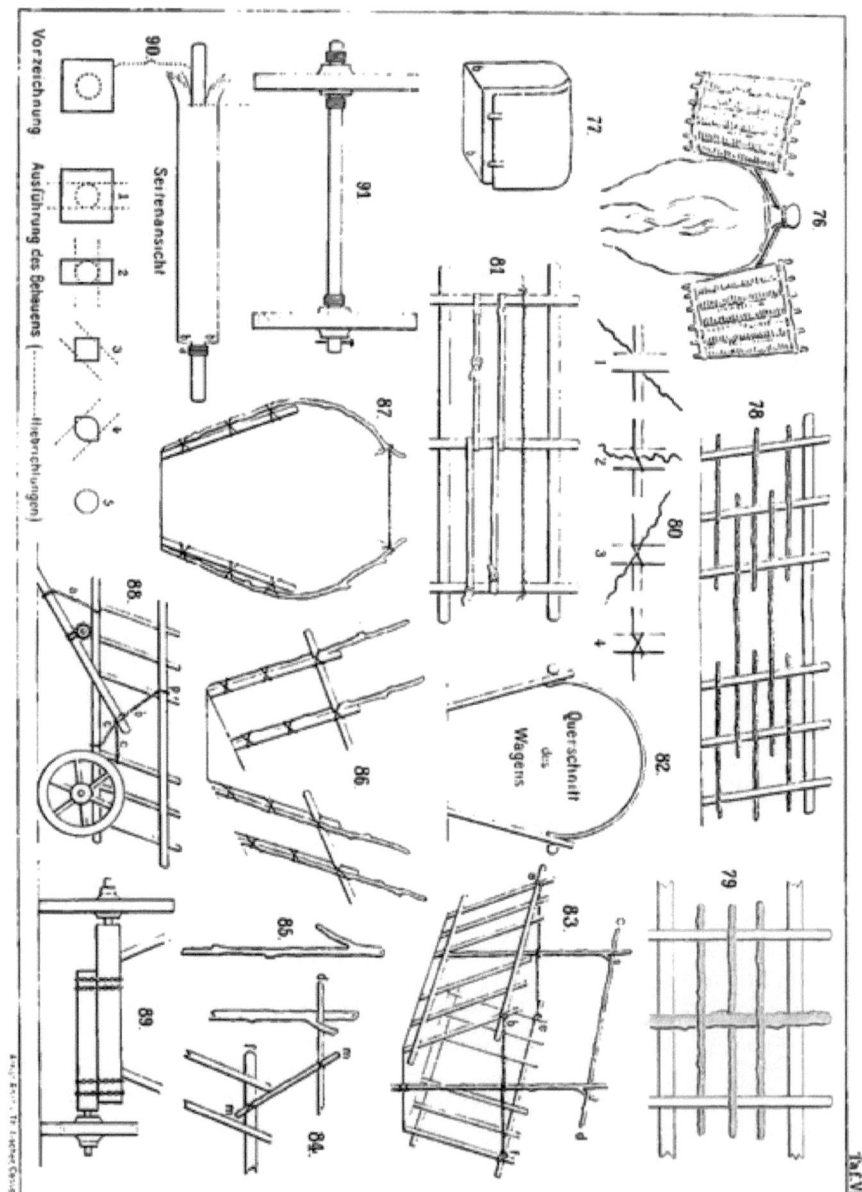

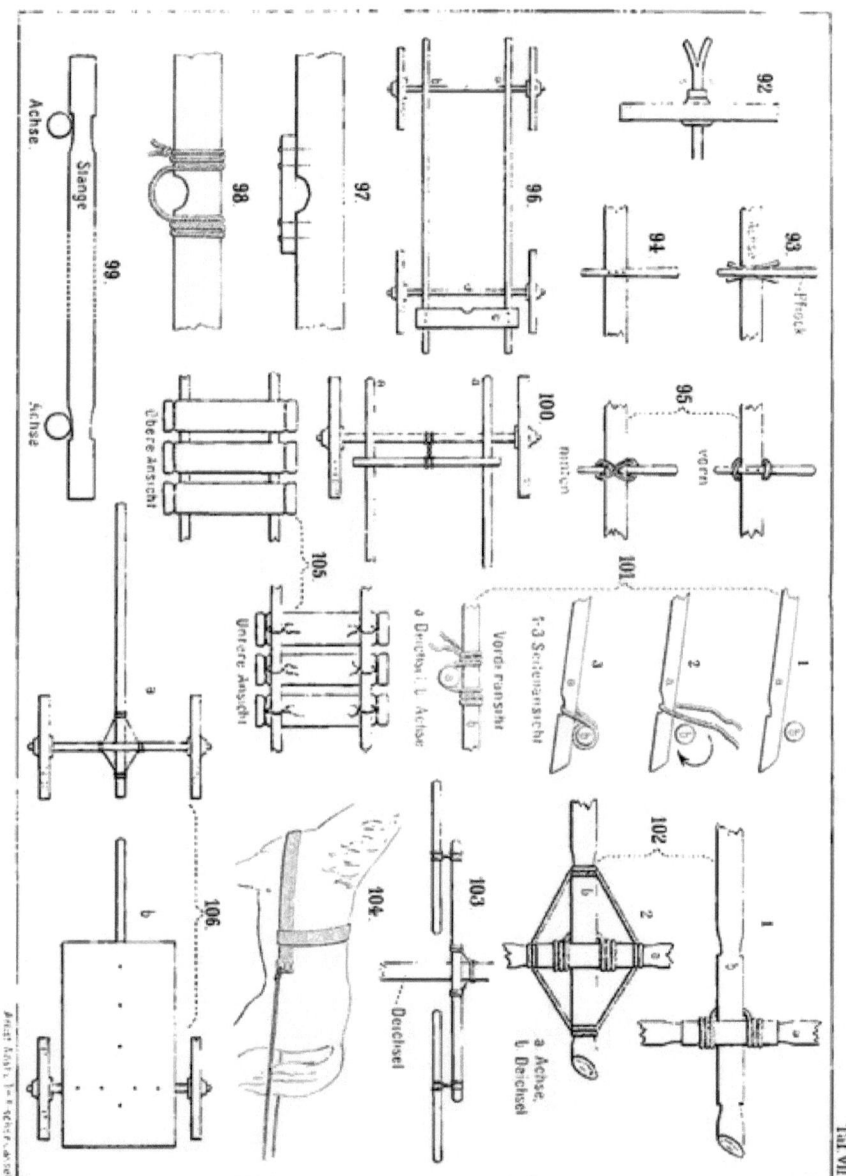

Taf. VII.

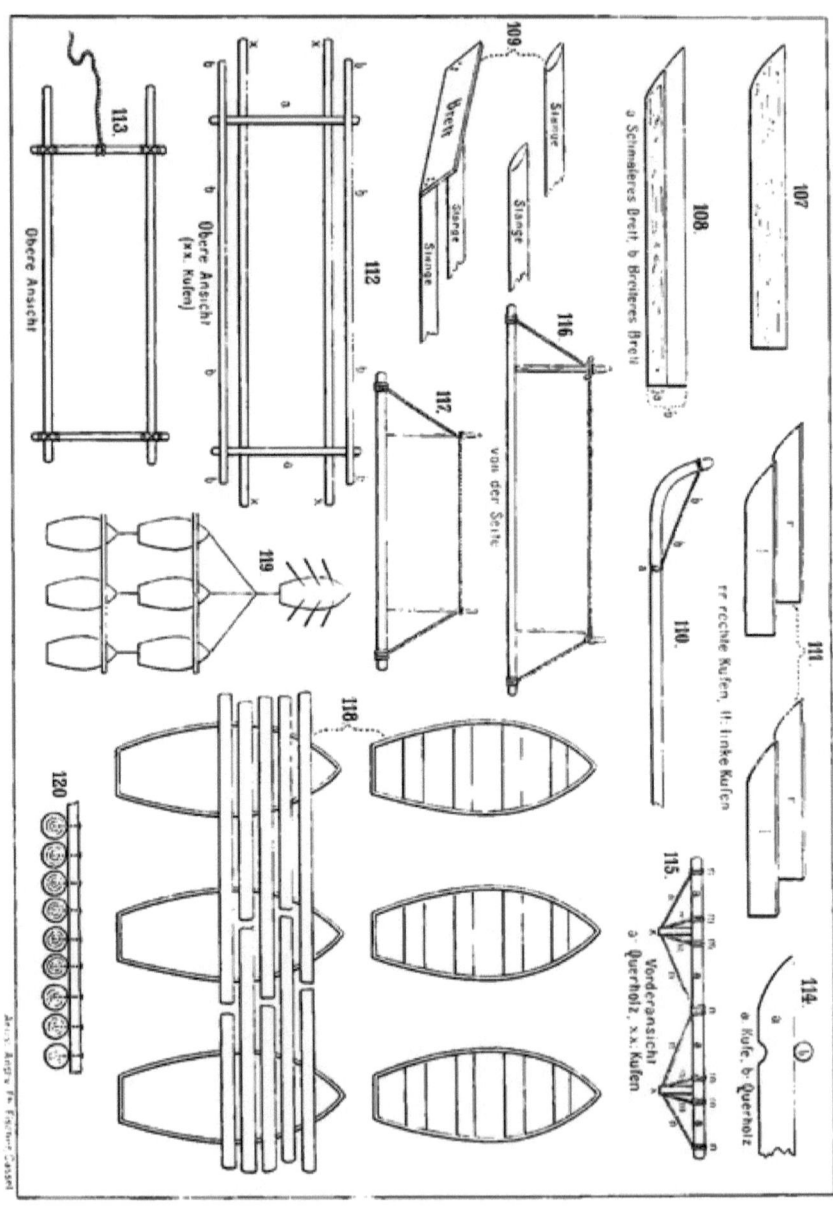

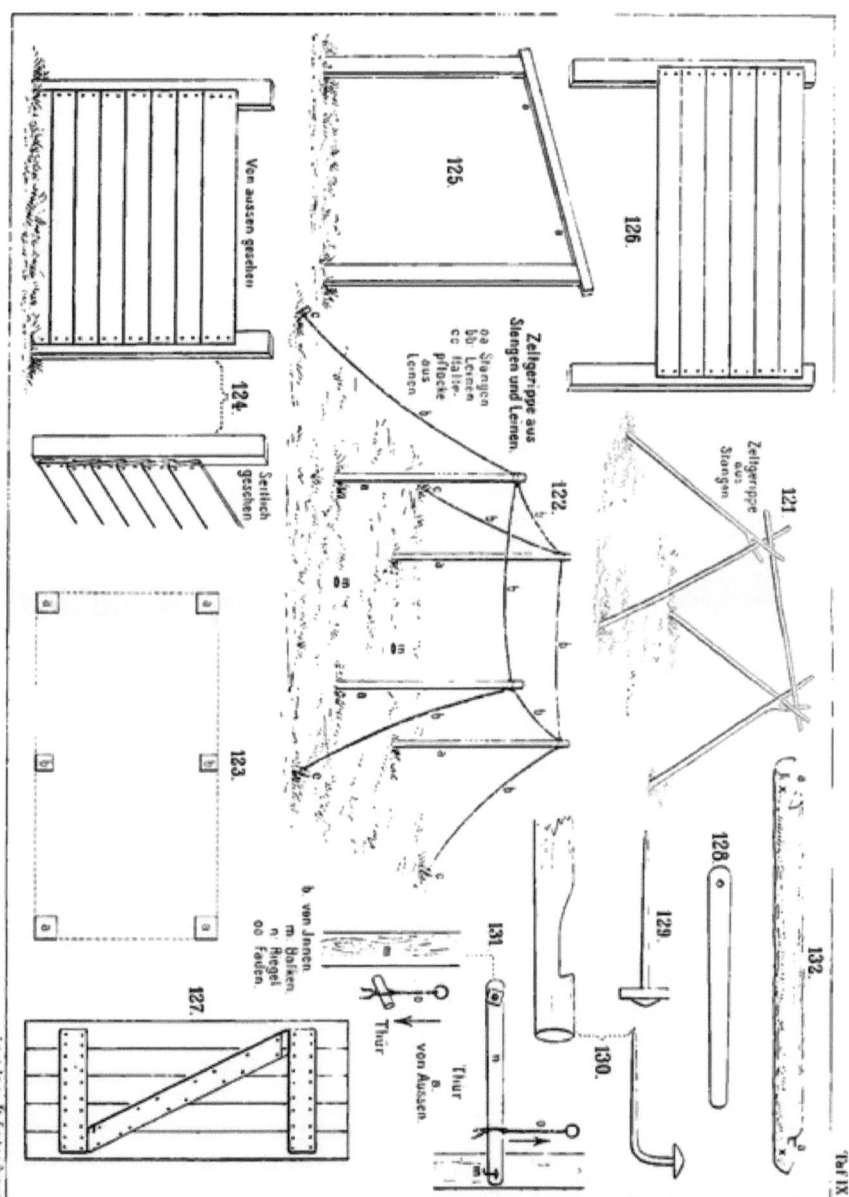

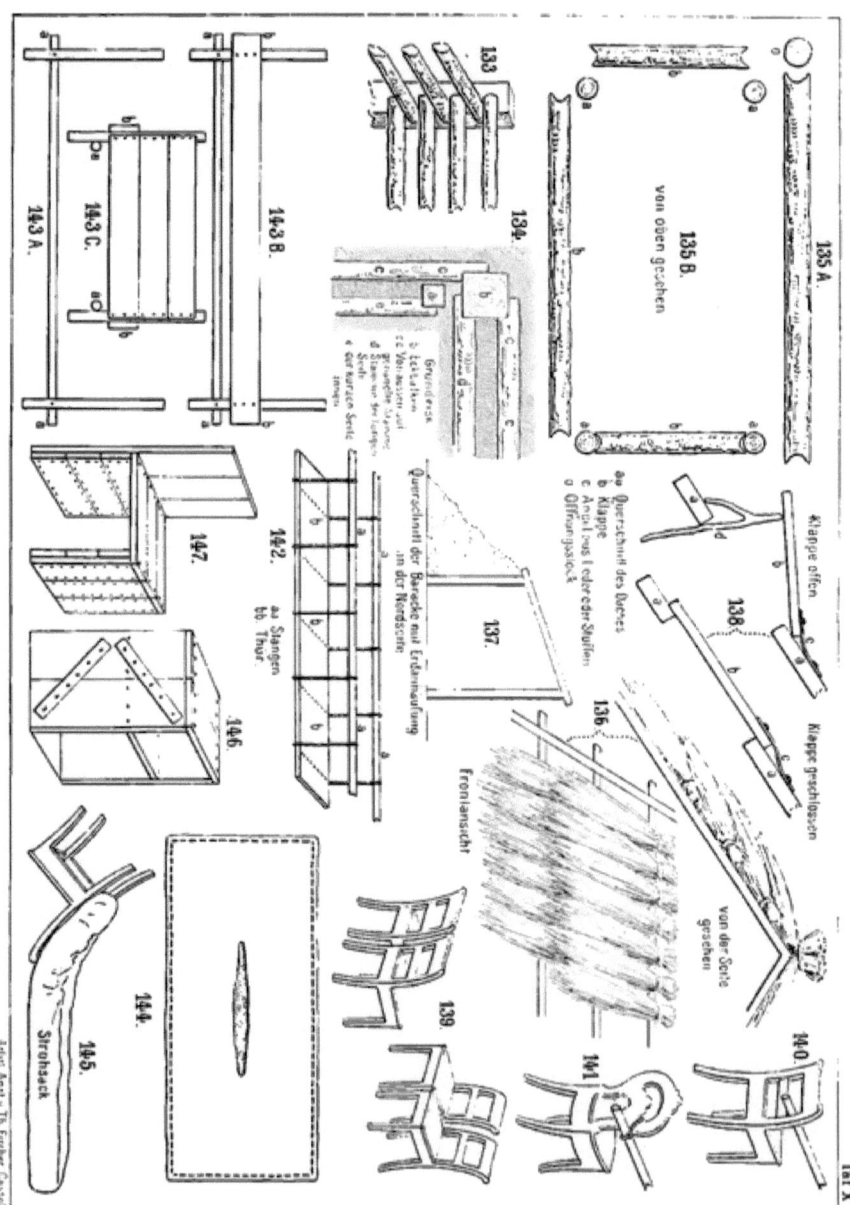

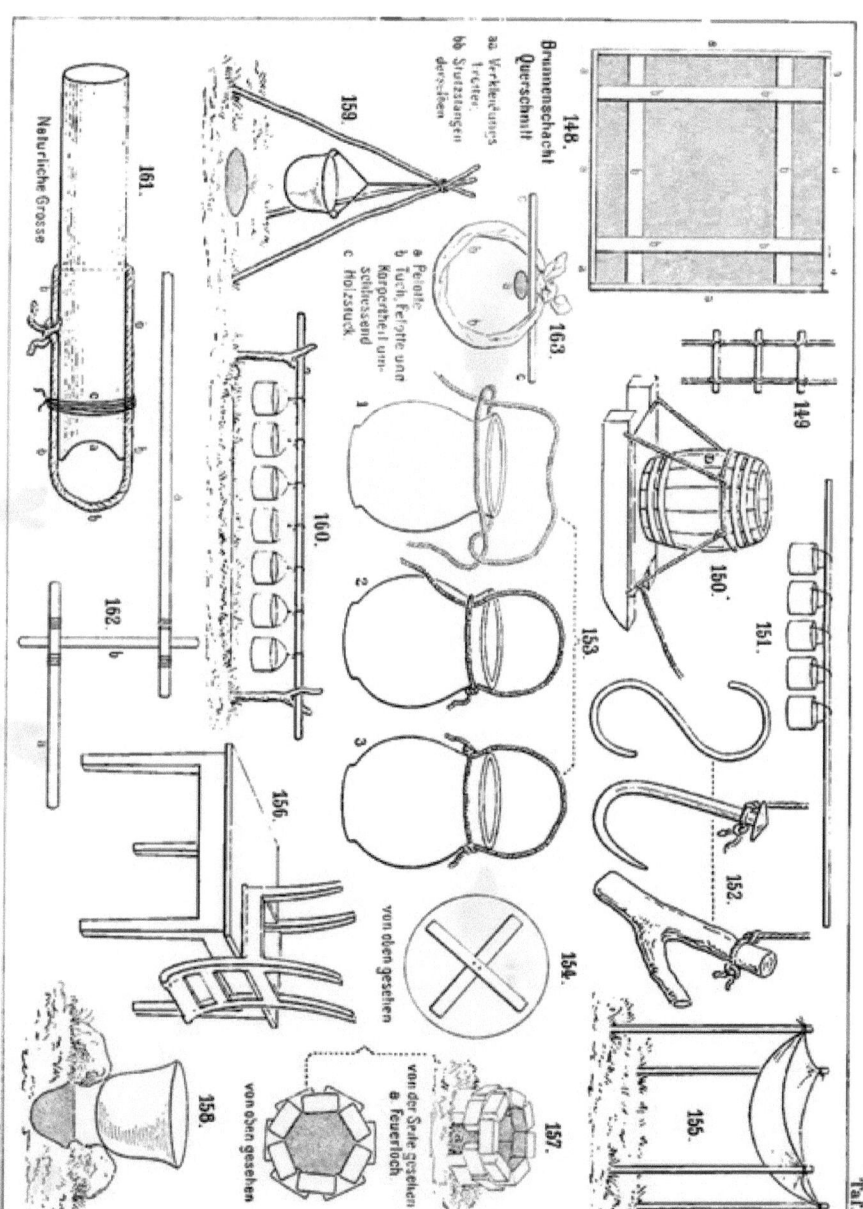